LENA MERZ & ANNINA SCHÄFLEIN

KOCHBUCH AB 1 JAHR

Neue Rezepte und Tipps
von den Breifrei-Expertinnen

LENA MERZ & ANNINA SCHÄFLEIN

KOCHBUCH AB 1 JAHR

Neue Rezepte und Tipps
von den Breifrei-Expertinnen

FOTOGRAFIE: MONA BINNER

INHALT

breifreiba
Essen wie die Groß
eibaby
e die Großen

LIEBE MAMA, LIEBER PAPA,

dein Baby ist kein Baby mehr – mit dem ersten Geburtstag ist es ein Kleinkind geworden. Die ersten Monate der Beikost liegen jetzt hinter euch und du fragst dich, was sich ab dem ersten Geburtstag ändert. Das Breibaby hat vielleicht keine Lust mehr auf den ewig gleichen Gemüsestampf und zeigt deutlich, dass es mitessen will. Und das BLW-Baby isst mittlerweile wahrscheinlich deutlich mehr als noch vor ein paar Monaten … Egal, ob Breifrei- oder Breibaby, jetzt kommen alle zusammen – am Familientisch.
In unserem Kochbuch ab 1 wollen wir dir viele bunte, abwechslungsreiche und leckere Rezepte zeigen, die sowohl für dein Kleinkind als auch für die ganze Familie geeignet sind. Du findest im Buch Inspirationen für kreative Frühstücksrezepte, warme Hauptmahlzeiten und köstliche Kleinigkeiten, aber auch einige Rezepte für Geburtstagsfeiern und Festtage. Und damit du dich weiterhin sicher fühlst und beim Thema Familienernährung entspannt bleiben kannst, haben wir die wichtigsten Hintergrundinformationen für dich zusammengefasst. Unser Motto für dieses Kochbuch lautet: »Essen wie die Großen, so wie die Kleinen es brauchen.«
Für Fragen zu den Rezepten, Anregungen zum Buch und für viele weitere Informationen rund um gesunde Kleinkindernährung sowie ausgewogene Familienküche laden wir dich auf unseren Blog breifreibaby.de und die dazugehörigen Social-Media-Kanäle ein. Teile uns mit, was dich beschäftigt, welche Rezepte gelingen oder wo es Schwierigkeiten gibt. Wir sind gespannt auf dein Feedback!

SCHÖN, DASS DU DABEI BIST!
LENA & ANNINA

breifreibaby
Essen wie die Großen

Beikost – und dann?

WAS ÄNDERT SICH JETZT IN PUNCTO ERNÄHRUNG?

Im Alter von etwa sechs Monaten hat dein Baby vermutlich mit der Beikost begonnen: Du hast angefangen, neben den Milchmahlzeiten auch feste Nahrung anzubieten. Satt geworden ist das Baby aber weiterhin durch Muttermilch oder Pre-Nahrung. Anfangs war die feste Nahrung eine ganz neue Erfahrung für dein Kind, mittlerweile isst es geübter, vor allem aber mehr und vielseitiger als noch zu Beginn der Beikost.

Wenn ihr den breifreien Beikostweg (baby-led weaning) gewählt habt, dann hat dein Kind von Beginn an an gemeinsamen Mahlzeiten am Familientisch teilgenommen. Die Umstellung ab einem Jahr ist daher nicht mehr groß – dein Kind wird einfach immer mehr der angebotenen Mahlzeiten zu sich nehmen und die Milchmahlzeiten in seinem Tempo reduzieren. Wenn dein Baby die Beikost mit Brei kennenlernen durfte, so hat es mit zehn oder elf Monaten vielleicht die erste feste Kost in Form von Fingerfood wie Obst- und Gemüsesticks oder Haferstangen kennengelernt. Egal, ob Brei oder Breifrei, in der Beikostzeit ging es nicht darum, Milchmahlzeiten schnell durch Babybrei oder feste Kost zu ersetzen. Vielmehr ging es darum, ein langsames Kennenlernen der Kost zu ermöglichen. Nun ist dein Kind bereit, langsam, aber sicher immer mehr feste Nahrung zu sich zu nehmen.

Wie ist ein Umstieg von der Breikost zur Familienkost möglich?
Der anfangs fein pürierte Brei kann mit ca. acht Monaten etwas stückiger werden und gröbere Nahrungsbestandteile enthalten. Ab ca. zehn Monaten wird dann häufig mehr feste Kost angeboten und so darf das Baby mehr und

mehr an der Familienkost teilhaben. Vor allem wird spätestens dann auch einfach interessanter, was Mama und Papa oder vielleicht die älteren Geschwister da auf dem Teller haben und essen. Das will man auch gerne untersuchen und vor allem probieren.
Durch diese langsame Umstellung und das Wegkommen vom Brei hin zur festen Kost lernen auch Breikinder die Familienkost bis etwa zum ersten Geburtstag kennen. Die vier Breimahlzeiten werden so nach und nach durch drei Hauptmahlzeiten plus zwei Snacks ersetzt. Weiterhin wird das Angebot durch Stillen oder die Gabe von Pre-Nahrung ergänzt.

Was essen Einjährige?

Ganz konkret heißt das: Der Frühstücksbrei am Morgen kann durch ein ausgewogenes Frühstück wie unser Birnenporridge ersetzt werden. Zu Mittag gibt es nun keinen Gemüse-Kartoffel-Fleisch-Brei mehr, sondern ein warmes Gericht, das Kohlenhydrate, Proteine und Fette enthält, z. B. unsere Paprikapolenta. Der Getreide-Obst-Brei wird durch einen bunten Gemüse-Obst-Smoothie ersetzt, der Abendbrei durch eine deftige Brotzeit. Wichtig ist bei der Umstellung, dass du dem Kind genug Zeit gibst, sich an die neue Kost zu gewöhnen. Natürlich werden nicht alle Mahlzeiten auf einmal ersetzt, sondern nach und nach – es bietet sich an, mit der Mittagsmahlzeit zu beginnen, weil die Kinder dann meist ausgeschlafen sind.

Unsere Vision: Selbstbestimmung

Wir sind große Befürworterinnen davon, dass Babys und Kleinkinder Lebensmittel mit all ihren Sinnen kennenlernen und erfahren dürfen – ganz nach ihrem eigenen Tempo und Geschmack. Unser Stichwort ist hier »babygeleitet«: Egal, ob der Beikostweg Breifrei oder mit Brei gestaltet wurde, die Bedürfnisse und Zeichen des Babys sind die wichtigsten Hinweise darauf, wann mit der Beikost begonnen werden darf und wie viel das Baby während einer Mahlzeit zu sich nimmt. Hier gilt es, sich von Anfang an frei zu machen von starren Mengen – dein Kind weiß am besten, wie viel Hunger es hat und wann das Bäuchlein voll ist.
Auch am Familientisch darf die Selbstbestimmung beim Thema Essen bleiben. Wir Eltern geben allerdings den Rahmen dafür vor: Wir sind dafür verantwortlich, dass das Kind aus einem ausgewogenen, abwechslungs- und nährstoffreichen Angebot von Lebensmitteln wählen kann. Was und wie viel es davon isst, darf das Kind entscheiden und sich so in seiner Autonomie erfahren.

Ein gesunder Umgang mit Nahrung

Die Baby- und Kleinkindernährung legt einen wichtigen Grundstein für die spätere Gesundheit, die eigene Einstellung zu Lebensmitteln und einen gesunden Umgang damit. Daher empfinden wir es als sehr wichtig, dass wir Eltern einerseits gut informiert sind, andererseits einen entspannten Umgang ohne Druck und Zwang am Esstisch etablieren.
Wenn man sie lässt, haben Babys und Kleinkinder eine unglaubliche Kompetenz und sind sehr gut in der Lage, selbst zu essen und mitzubestimmen. Sie erfahren so Selbstwirksamkeit, dürfen Autonomie erleben und dadurch sehr gestärkt und mit positiven Erfahrungen geprägt den Essalltag erfahren.

Alle an einem Tisch

SO SCHMECKT ES KLEIN UND GROSS

Mitessen am und vom Familientisch meint, dass dein Kind keine extra Kost (mehr) bekommt. Die Mahlzeiten werden gemeinsam eingenommen und es gibt für alle das Gleiche: Familienkost. Das bringt auch für uns Erwachsene eine große Umstellung mit sich, immerhin muss nun eine kleine Person am Tisch mitgedacht werden.

Willkommen am Familientisch!
Während vielleicht bisher Kantine, Fast Food, Lieferdienst oder Restaurantbesuche eine unkomplizierte, schnelle und leckere Lösung waren, ist da jetzt ein kleiner Mensch, den wir gut versorgt wissen wollen. Herkunft und Qualität von Lebensmitteln, die Zubereitung frischer Zutaten und gemeinsame, regelmäßige Mahlzeiten rücken in den Vordergrund. Für manche ist es eine Umstellung, die Zeit und Unterstützung braucht. Da kann es helfen, sich für die kommende Woche erst mal einen Plan zu machen und zu notieren, welche Gerichte für die Familie gekocht werden könnten. Natürlich darf auch Essen auswärts mit eingeplant werden. Es geht beim Familientisch nicht darum, jeden Tag ein selbst gekochtes Fünf-Gänge-Menü zu zaubern und dafür stundenlang in der Küche zu stehen, sondern um eine gute Versorgung aller Familienmitglieder ohne Stress und Druck.

Gesunde Ernährung für alle
Die Einführung des Familientisches ist trotzdem eine gute Gelegenheit, um auch mal die eigene Ernährung unter die Lupe zu nehmen ... manchmal haben sich ja in der Babyzeit ein paar ungesunde Angewohnheiten eingeschli-

chen, weil doch wieder keine Zeit fürs Kochen war. Nun geht es darum, dass alle am Tisch satt und zufrieden sind, ohne dass die Person am Herd rotieren oder fünf Töpfe gleichzeitig jonglieren muss.

Bei der Planung des Familientisches gilt es also, einen gemeinsamen Nenner zu finden. Denn auch wenn die Kleinen vieles mitessen können, unterscheiden sich die Ernährungsbedürfnisse von Ein–Dreijährigen doch sehr von uns Erwachsenen. Bei den einen Gerichten ist nicht alles für die Kleinen geeignet – die anderen sind einfach nicht pfiffig genug für die Erwachsenen. Das ist aber kein Problem: Mit wenigen Überlegungen und Handgriffen können wir alle Gerichte so gestalten, dass sie für Klein und Groß gleichermaßen geeignet sind. So können alle das Gleiche essen und es ist kein Extrakochen für das Kind notwendig.

So schmeckt es allen

Wer das Konzept Familientisch schon beim Kochen mitdenkt, kocht ganz entspannt für die ganze Familie. Am besten werden die einzelnen Komponenten der Gerichte separat serviert. So können die Erwachsenen z. B. scharfe Saucen oder Gewürze erst am Tisch ergänzen und Gerichte nachsalzen. Bei Bratlingen, Puffern und Co. kann ein Teil der Masse für die Großen vor dem Ausbacken würziger abgeschmeckt werden. Das sind zwar während des Kochens ein paar Handgriffe mehr, aber am Ende essen alle von einem Gericht.

Auch mit besonderen Toppings können Familiengerichte für Erwachsene würziger zubereitet werden. Hier passen Kerne, Saaten, Würznüsse oder sehr salzige Lebensmittel wie Kapern.

Beilagen wie Blattgemüse, Salate oder bissfeste Rohkost ergänzen z. B. eine Brotzeit und fügen für die Großen gleich noch eine Extraportion Vitamine dazu.

Lass dein Kind probieren!

Dein Kind wird nach und nach immer mehr von dem essen wollen, was auf deinem Teller ist. Also auch Nüsse, Salate und Scharfes. Und es darf probieren – die Nüsse sehr fein gehackt oder gemahlen, die Salate ganz klein geschnitten und vom moderat Scharfen einen kleinen Bissen. Dein Kind ist kompetent genug!

ANNINAS TIPP

Familientisch umfasst noch viel mehr als nur reine Nahrungsaufnahme, nämlich die gemeinsamen Zeiten des Einkaufens, das Zubereiten und während der Mahlzeit Zeit zu verbringen. Rituale und Gewohnheiten rund um Essen geben Sicherheit und Orientierung und damit einen festen Rahmen. Mahlzeiten gemeinsam zu verbringen, zu erzählen, zu lachen … Familientisch bedeutet auch Geselligkeit, Geborgenheit und sich wohlzufühlen.

Ungeeignete Lebensmittel
Im ersten Lebensjahr und zu Beginn der Beikost hast du sicher die ungeeigneten Lebensmittel kennengelernt – Honig oder große Mengen Joghurt waren nicht für Babys Teller geeignet. Je älter dein Kind wird, desto mehr kann es essen, desto stabiler sind Magen und Immunsystem. Es gibt allerdings nach wie vor Lebensmittel, die auch für Kleinkinder ungeeignet sind – manche aufgrund der Inhaltsstoffe, manche aufgrund der Beschaffenheit. Diese Lebensmittel solltest du auch im zweiten Lebensjahr noch nicht anbieten.

Hier gilt Vorsicht!
Bei **rohem Fleisch und Fisch** besteht weiterhin die Gefahr einer Infektion. Laut RKI (Robert Koch-Institut) dürfen Kinder erst ab 5 Jahren rohe Fleischprodukte verzehren – dazu gehört übrigens auch Salami!
Dein Kleinkind soll keine Gerichte mit **Alkohol** essen, auch kein Risotto mit Weißwein oder Backwaren mit Likör, da der Alkoholgehalt nie zu 100 Prozent verschwindet. Alternativen sind z.B. ein Schuss Essig, Gemüsebrühe sowie Trauben- oder Apfelsaft.
Trauben, Nüsse, Kirschtomaten und andere prallelastische Lebensmittel weiterhin nur halbiert oder geviertelt anbieten. Es besteht die Gefahr des Erstickens, da sie die Luftröhre komplett verschließen können.
Erst wenn die Backenzähne da sind, kann dein Kind **Salate oder Kohlblätter** kauen. Bis dahin kleben sie leicht am Gaumen und können sich über die Luftröhre legen. Zur Sicherheit nur püriert oder verarbeitet, z. B. in Smoothies oder in Saucen, anbieten.

Produkte wie **Käse aus Rohmilch oder rohes Ei** sind auch für Kleinkinder nicht geeignet. Es besteht die Gefahr einer Salmonellen- oder Listerienvergiftung.

Zu **Pseudogetreide** schreibt die DGE (Deutsche Gesellschaft für Ernährung): »Aufgrund der geringen Datenlage lässt sich keine verlässliche Aussage treffen, ob Pseudogetreide wie Buchweizen, Amarant und Quinoa für Babys und Kleinkinder geeignet ist.«

Scharfe Gewürze wie Chili, Cayennepfeffer und schwarzer Pfeffer sind auch im zweiten Lebensjahr für die meisten Kleinkinder einfach noch zu scharf – also lieber bei Tisch nachwürzen.

Das ändert sich

Salz

Nach wie vor soll dein Kleinkind so wenig Salz wie möglich konsumieren – maximal 2 g pro Tag. Bedenke, dass viele Lebensmittel wie Käse oder Wurst sehr salzig sind. Trotzdem ist es völlig in Ordnung, ab und zu gekaufte Fertigprodukte bzw. Teilprodukte anzubieten, wie z. B. Schupfnudeln, fertiger Pizzateig oder Falafelmischungen.

Honig und Ahornsirup

Die Gefahr des Säuglingsbotulismus sinkt mit steigendem Alter. Du kannst bei Bedarf mit Honig oder Ahornsirup süßen und musst dir keine Gedanken über eine Infektion machen.

Milchprodukte

Statt bisher 200 ml Kuhmilch (verarbeitet) pro Tag erhöht sich die mögliche Menge auf 300 ml pro Tag. Das umfasst Joghurt, Käse, Crème fraîche etc. Auch als Getränk darf Kuhmilch im Rahmen einer Mahlzeit ab dem ersten Geburtstag angeboten werden.

Trinken

Sobald dein Stillkind ganze Mahlzeiten ersetzt, darfst du Wasser zum Trinken anbieten, bei Flaschenkindern schon ab Beikoststart. Kräutertee als Getränk ist nicht geeignet, da er fast immer auch eine medizinische Wirkung hat. Früchtetee ist natürlich in Ordnung – Wasser aberimmer erste Wahl sein. Bei vielen schleicht sich sonst ein, dass nichts mehr ohne Geschmack getrunken werden will. Die empfohlene Gesamtwasserzufuhr liegt laut DGE bei 1,3 l pro Tag. Das beinhaltet auch Muttermilch bzw. Pre-Nahrung und die Wassermenge, die über Lebensmittel aufgenommen wird.

KINDER UND ZUCKER

Je weniger Zucker und Zuckerersatzstoffe angeboten werden, umso gesünder fürs Kind. In welchem Rahmen du tatsächlich Zucker anbietest, bleibt dir überlassen. Auch im zweiten Lebensjahr besteht kein Muss, Zucker einzusetzen – was dein Kind nicht kennt, vermisst es nicht. Ausnahmen, z. B. wenn alle auf einem Ausflug ein Eis essen, sind für uns aber völlig in Ordnung, denn auch Kleinkinder möchten nichts lieber, als dazugehören. Je häufiger zu Hause komplett zuckerfrei gekocht wird, umso weniger fallen Ausnahmen ins Gewicht.

Nährstoff-Wissen

UND WIE KRIEGE ICH GRÜNZEUG INS KIND?

Beim Thema Nährstoffe darfst du entspannt bleiben: Ein gesund entwickeltes, fittes und interessiertes Kind holt sich das, was es braucht – zuerst über die Muttermilch bzw. Pre-Nahrung und dann mehr und mehr über Lebensmittel. Mit einem Jahr findet bei vielen (Breifrei-)Kindern ein Swift statt und sie essen auf einmal größere Portionen. Nicht zu jeder Mahlzeit und nicht jeden Tag, aber sie beginnen. einen Großteil ihrer Energie aus Nahrung zu ziehen.

Mach das richtige Angebot!

Du als Elternteil bist für das richtige, gesunde und nährstoffreiche Angebote zuständig. Das bedeutet: alle Farben des Regenbogens, hochwertige und gesunde Lebensmittel, kein Junkfood. Je bunter dein Kind isst, mal roh, mal gedünstet, mal gebraten und ab und zu mit einem Nährstoffbooster, umso entspannter kannst du sein. Biete über den Tag vielfältige Lebensmittel aus allen Nährstoffgruppen an:

- **Kohlenhydrate** (z. B. Vollkorn-Mehl und -Pasta, Hirse, Reis, Couscous usw.)
- **Gute Fette** (z. B. gesunde Öle, Avocado, Milchprodukte)
- **Proteine** (z. B. Hülsenfrüchte, Fleisch, Nüsse und Saaten)
- **Mikronährstoffe** (Nüsse und Saaten aller Art als Mus oder gemahlen)

Diese Nährstoffe sind im zweiten Lebensjahr besonders wichtig

Die kleinen Körper sind ständig in Bewegung, dementsprechend wird nicht nur für die grundlegenden Körperfunktionen, sondern auch für die Aktivität einiges an Kalorien gebraucht. Kinder dürfen also die ganze Palette an Lebensmitteln essen: Brot, Nudeln, Avocado, Seefisch, Milchprodukte, Obst und Gemüse.

Kinder sollten nicht nach einer Diät, wie z. B. Low Carb, ernährt werden. Eine ausgewogene, gut geplante vegetarische oder vegane Lebensweise ist aber absolut in Ordnung.
Nach dem sechsten Lebensmonat geht der kindliche Speicher an Eisen und Zink zur Neige. Das Kind benötigt neben diesen beiden Mikronährstoffen außerdem Kalorien und Proteine, um seinen Bedarf zu decken. Mit einem Jahr ist ein Kalorienbedarf von ca. 1000 kcal pro Tag nicht ungewöhnlich. Auch gute Fette, vor allem Omega-3-Fettsäuren, sind wichtig.

NÄHRSTOFF	QUELLEN	GUT ZU WISSEN
EISEN	Pflanzliche Quellen: Kürbiskerne, Sesam, Hanfsamen, Leinsamen, Pistazien, Haferflocken und Mandeln (als Nuss- und Saatenmus in Saucen, Porridge oder auf Brot) Eigelb, Wild, rotes Fleisch und Innereien liefern viel Eisen	immer in Kombination mit Vitamin C anbieten.
ZINK	Sesam, Kürbiskerne, Sonnenblumenkerne, Leinsamen, Chia-Samen, Haferflocken, Erdnüsse, Cashews und Walnüsse Fleisch, Milchprodukte und Fisch	wird in Kombination mit Obst oder Gemüse besonders gut aufgenommen.
EIWEISS	Fleisch, Hülsenfrüchten, Vollkorngetreide, Nüsse, Samen, Milchprodukten wie z. B. Quark	Faustformel für den Bedarf: 1 g Protein pro kg Körpergewicht Wichtig ist, dass der Bedarf über pflanzliche und tierische Quellen gedeckt wird. Oft ist die Zufuhr von tierischem Eiweiß zu hoch, was gesundheitliche Folgen haben kann.
KALZIUM	Sesam, Mandeln, Hülsenfrüchte, Tofu, mit kalzium angreichertes Mineralwasser, Milchprodukte, Haferflocken, Grünkohl	Den Bedarf am besten über tierische und pflanzliche Produkte decken. Dabei das Maximum an 300 ml Kuhmilch pro Tag nicht überschreiten.
MAGNESIUM	Vollkorngetreide (inkl. der Produkte daraus), Haferflocken, Bananen, getr. Aprikosen, Cashewkerne, Kichererbsen	
FOLAT	Grüne Gemüsesorten, Hülsenfrüchte, Vollkorngetreide, Linsen, Eigelb, Erdnüsse, Erdbeeren, Sauerkirschen	
JOD	Jodsalz, Nori-Flocken	in Absprache mit dem Kinderarzt supplementieren
SELEN	Paranüsse, Steinpilze	Der Bedarf kann kaum über die Nahrung gedeckt werden. Ausnahme: Paranüsse mit angegebenem Selengehalt
OMEGA 3	Lachs, Hering, Makrele, Leinöl, Hanföl und Hanfsamen, Walnussöl und Walnüsse	Im Bioladen gibt es angereicherte Öle, die sich sehr gut eignen

Wählerische Esser

WAS, WENN MEIN KIND NICHTS ESSEN MAG?

Du bereitest mit viel Liebe und Zeit bunte und leckere Gerichte zu … und dein Kind pickt nur im Teller rum oder probiert gar nicht erst? Wichtig zu wissen ist, dass Kinder (und auch Erwachsene!) nicht jeden Tag die gleichen Mengen essen, das kann je nach aktuellem Bedarf und Tagesform variieren. Hier spielen verschiedene Faktoren wie die momentane Entwicklung, die Tagesaktivität und der damit verbundene Verbrauch an Kalorien, der Gesundheitszustand, die Häufigkeit der Still- oder Flaschenmahlzeiten und vieles mehr eine Rolle.

FÜNF TIPPS, WENN DU DAS GEFÜHL HAST, DASS DEIN KIND NICHTS ISST:

1. Sichere Lebensmittel

Biete das, was gerne gegessen wird, häufig an – wahrscheinlich sind das Nudeln, Reis und Co. Kombiniere sie dabei mit Lebensmitteln, die bisher nicht oder selten gegessen wurden, oder variiere die Zubereitungsform. Dein Kind fühlt sich mit dieser Palette an sicheren Lebensmitteln wohl und fasst so eher Vertrauen, noch unbekannte Lebensmittel kennenzulernen.

2. Überblick

Isst dein Kind wirklich nichts? Notiere dir mal ein paar Tage lang ganz genau, was dein Kind isst. Zu welchen Nährstoffgruppen (Kohlenhydrate, Eiweiß, Fette und Co.) gehören die Lebensmittel, die mit großer Wahrscheinlichkeit gegessen werden? Ist damit schon alles abgedeckt? Oft stellt sich heraus, dass doch mehr im Kind landet als gedacht.

3. Mitmachen

Lass dein Kind beim Einkaufen mitentscheiden. Wir Erwachsenen treffen schon beim Einkauf eine Vorauswahl und es landet oft nur im Einkaufswagen, was uns gut schmeckt.

4. Selbstbestimmung

Lass deinem Kind seinen Geschmack und unterstütze ohne Manipulation und Zwang dabei, ihn zu finden. Das heißt, es darf mal Schokoaufstrich mit Essiggurken essen, Kartoffeln zum Frühstück oder nur den Brotbelag.

5. Snackzeiten

Dein Kind isst bei den Hauptmahlzeiten nicht, weil es keinen Hunger hat, weil zwischendurch viel gesnackt wird? Den Teufelskreis gilt es zu durchbrechen und ausgewogene Mahlzeiten anzubieten. Feste Snackzeiten können dabei helfen. Oft ist es ja ein Teufelskreis, wenn zwischendurch gesnackt wird, bei den Mahlzeiten dann aber nicht ausreichend gegessen wird und das Kind eben schnell wieder Hunger hat ... obwohl wir Befürworterinnen von intuitivem Essen sind, ist es wichtig, dass Eltern einen festen Rahmen vorgeben.

Im Zweifelsfall

Wie immer gilt: Solltest du unsicher sein und das Gefühl haben, dass dein Kind nichts ausreichend mit Nährstoffen und Kalorien versorgt ist, dann wende dich bitte an deinen Kinderarzt/deine Kinderärztin oder ziehe Fachpersonal im Bereich der Ernährungsberatung hinzu. Bei Appetitlosigkeit, Blässe, Gewichtsverlust o. ä. kann es sinnvoll sein, genauer hinzuschauen und z. B. die Blutwerte checken zu lassen (insbesondere Eisen und Zink können hier interessant sein). Aber auch sensorische oder motorische Besonderheiten können der Grund dafür sein, dass dein Kind wählerisch isst. Keine Sorgen musst du dir hingegen machen, wenn dein Kind mal ein–drei Tage weniger als üblich isst. Das passiert oft, wenn es krank ist, einen großen Entwicklungsschub macht oder die Zähne drücken. Ein paar Tage später sieht das Essverhalten wieder anders aus und du kommst kaum hinterher, Snacks anzureichen.

ANNINAS TIPP

Vielleicht kann auch die Veränderung der Essumgebung schon für eine Entspannung der Situation sorgen? Wie wäre es denn mal mit einem Picknick im Garten oder unter dem Esstisch? Dein Kind ist unruhig beim Essen, möchte aus dem Hochstuhl aufstehen und sich bewegen? Aus Sicherheitsgründen raten wir immer davon ab, beim Rumrennen oder Spielen zu essen – aber vielleicht kann ein Lernturm am Esstisch ja eine vorübergehende Lösung sein?

Kochen mit Kleinkind

ODER WARUM MAN EIGENTLICH SECHS HÄNDE BRAUCHT

Du kennst das sicher: Du willst nur schnell die Nudeln mit Sauce warm machen, aber das Babyphone tönt. Der Mittagsschlaf war kurz, das Kleinkind ist müde, aber das Essen noch lange nicht fertig. Wo also die Zeit hernehmen, um frisch zu kochen, wenn ein kleines Kind nebendran steht und mitmachen will. Wir verraten dir unsere erprobten Tipps, wie man auch mit Baby- und Kindbegleitung zumindes halbwegs zum Kochen kommen kann und entspannt bleibt.

UNSERE TIPPS FÜR KINDERBESPASSUNG IN DER KÜCHE

1. Lernturm

Kinder, insbesondere Kleinkinder, wollen das machen, was die Eltern tun. In der Küche eben schneiden, waschen, putzen, reiben, naschen … sie wollen dabei sein und sich selbst ausprobieren. Für alle Kleinkinder, die schon sicher stehen können, eignen sich Lerntürme hervorragend, um selbst an der Küchenarbeitsplatte werkeln zu dürfen.

2. Kindermesser

Es gibt eine große Auswahl an hochwertigen, aber nicht zu scharfe Kindermesser. Sie eignen sich super, um bereits kleine Kinderhände an das Schneiden oder Schälen von Obst und Gemüse zu gewöhnen. Auch Schneebesen in Kindergröße oder kleine Nudelhölzer sorgen für viel Spaß und viel Ausdauer beim Ausprobieren in der Küche.

3. Kinderküche

Auch eine gut ausgestattete Kinderküche in der großen Küche kann für viel Erleichterung sorgen. Hier kann dein Kind völlig frei und kreativ werkeln, während du das Essen zubereitest – vor allem dann, wenn Herdplatte, Waffeleisen oder andere heiße Geräte im Spiel sind. Du kannst auch aktiv Aufgaben für die Spielküche stellen: Bestellungen aufgeben, bitten, die Spiel-Gurken zu schneiden oder etwas in den Backofen zu schieben.

4. Kruschschublade

Eine Schublade mit Plastikdosen, Silikon-Kochgeschirr sowie Küchenhandtüchern kann das Kind gefahrlos ein- und ausräumen. Es besteht keine Verletzungsgefahr – nur Chaosgefahr, aber das lässt sich ja schnell beseitigen. Besonders beliebt sind Dosen in verschiedenen Größen, die sich großartig stapeln lassen, oder Gefäße mit Drehverschluss zum Auf- und Zumachen. Lass dich überraschen, wie kreativ dein Kind damit werden kann.

Lass dir helfen!

Dein Kind möchte am liebsten bei allem helfen und teilnehmen – dahinter liegt sein Wunsch, mit einbezogen zu werden. Am besten überlegst du dir in Ruhe, wo dein Kind gut mithelfen kann – beim Spülmaschine Ausräumen oder Verstauen der Einkäufe. Außerdem kannst du ihm ab einem Jahr sehr gut kleine Aufträge erteilen, z. B. dir bestimmte Küchenutensilien bringen zu lassen (die du vorher auf geeigneter Höhe bereitgelegt hast).

Keine Angst vor Dreck

Wenn (Klein-)Kinder in der Küche aktiv sind und sich ausprobieren dürfen, entsteht Sauerei! Das lässt sich nicht verhindern, deshalb am besten direkt einplanen und nicht ärgern. Weggewischt sind Teig, Mehl & Co. schnell – auch hier kann man das Kind super mit einbeziehen. Wenn du das Kind einfach mal (im gesunden Rahmen) machen lässt, stärkst du seine Selbstwirksamkeit enorm.

ANNINAS TIPP

Meine älteste Tochter hat immer gerne unsere Schublade mit Zwiebelvorräten ausgeräumt und die Zwiebeln mit ihren kleinen Händen geschält. Da die orale Phase bereits vorbei war, konnte ich sie entspannt machen lassen. Sie hatte Freude und ich ein paar wertvolle Minuten, um unser Essen zuzubereiten.

Meal Prep für Kleinkinder

Mit Kleinkind hat man einfach nicht stundenlang Zeit, in der Küche zu stehen und kompliziert und aufwendig zu kochen – darin sind wir uns wohl alle einig. Deshalb empfehlen wir: Mach dir keinen Stress, jeden Tag frisch zu kochen! Unsere Zauberwörter in Sachen Familientisch heißen »Meal Prep« und »Vorkochen« – viele unserer Gerichte lassen sich super gut vorbereiten und ebenso gut einfrieren. Kindern macht es oft nichts aus, einige Tage hintereinander das Gleiche zu essen oder wiederkehrende Komponenten zu verspeisen. Sie essen außerdem auch gerne Pizza und Kartoffelecken zum Frühstück und abends Obst – den strengen Ernährungsplan, den wir oft als Erwachsene verfolgen, kennen sie ja gar nicht.

Meal Prep in der Praxis

Es gibt einige Rezepte und Lebensmittel, die sich besonders gut fürs Vorbereiten eignen. Wir backen von Keksen, Pancakes und Waffeln immer direkt die doppelte Menge – denn die lassen sich super einfrieren. Bei Bedarf sind sie mit der Auftaufunktion des Toasters schnell wieder aufgetaut. Diese Backwaren kannst du als Snack oder mit Ergänzungen auch als Hauptmahlzeit servieren. Ansonsten ist Planung schon die halbe Miete: Bei uns hat sich ein Wochenplan bewährt. Darin kannst du eintragen, welche TK-Gerichte es wann geben soll, und diese passend auftauen. Meal-Pläne nehmen dir außerdem den Stress zu überlegen, was du heute kochen sollst. Falls das ganze Planen nicht von Anfang an klappt: Es braucht Zeit, bis sich diese neuen Routinen voll und ganz etabliert haben.

UNSERE TIPPS FÜRS VORKOCHEN

1. Nutze die Zeit

Keine Angst vor Multitasking! Wenn du in der Küche bist, kannst du meist gleich ein paar Dinge parallel erledigen. Wenn du die Spülmaschine ausräumst, können nebenbei wunderbar Nudeln oder Getreide kochen. Während morgens die Kitabrote vorbereitet werden, kann schon das Gemüse gewaschen werden. Außerdem kannst du, während du ein Gericht frisch kochst, auch schon Komponenten für den nächsten Tag vorbereiten, wie Waschen, Schälen oder Saucen und Dips mischen.

2. Vorkochen

Koch von euren Lieblingsgerichten gleich die zwei- bis dreifache Menge. Die Gerichte dann in kleinen Portionen einfrieren und bei Bedarf auftauen. Besonders Saucen, Suppen und Eintöpfen sind perfekt zum Vorkochen, denn sie können immer wieder mit unterschiedlichen Beilagen serviert werden, wenn es schnell gehen muss. Es lohnt sich auch von Saucen, Dips, Aufstrichen und Toppings die doppelte Menge zu machen und zu einer anderen Beilage zu servieren. Alles, was du gut durcherhitzen kannst, kann mind. 2 Tage im Kühlschrank aufbewahrt werden. Fleisch und Fischgerichte solltest du nur 24 Stunden (für Kleinkinder) aufbewahren oder gleich tiefkühlen.

Richtig aufbewahren

Bewährt hat sich die Aufbewahrung in Glas. Das können verschließbare Boxen sein oder Einmachgläser. Gerade Gläser mit Twist-off-Deckel sind sehr günstig, sie lassen sich auch beliebig oft verwenden. Hebe die Gläser von Hülsenfrüchten, eingekochtem Obst und Co. auf – sie lassen sich super im Kühlschrank stapeln und du kannst etwas darin einfrieren. Fertige Gerichte am besten bis zu 48 Stunden im Kühlschrank aufbewahren. Backwaren wie Brot oder Muffins halten sich in einem Gefrierbeutel frisch – am besten bei unter 18 Grad. Wichtig ist, dass alles gut verschlossen ist und möglichst schnell runtergekühlt wird.

Einfrieren ist die halbe Miete

Nichts ist schöner als ein prall gefüllter Gefrierschrank mit reichlich leckerem Essen. Wenn du eine Mikrowelle hast, kannst du die Gerichte darin fix und stressfrei auftauen. Die Gerichte sollten gut verschlossen in Glas- oder Plastikboxen so schnell wie möglich heruntergekühlt und dann eingefroren werden. Drei Monate hält jede Mahlzeit im Tiefkühler aus, das Meiste sogar bis zu zwölf Monate. Brot am besten in Scheiben einfrieren. Waffeln, Pfannkuchen oder Kekse so in Tüten packen, sodass eine einzelne Entnahme möglich ist. Du kannst zum Auftauen und Aufwärmen z.B. super die Funktion des Toasters nutzen.

Der Familien-Vorratsschrank

SO GEHT GESUNDE FAMILIENKÜCHE NOCH LEICHTER

Schnelle gesunde Küche muss nicht immer mit Einkaufen verbunden sein. Wir gehen nur einmal pro Woche zum Großeinkauf in den (Bio-)Supermarkt und füllen dort auch unseren Vorratsschrank regelmäßig auf. Ergänzt mit frischen Zutaten wie Gemüse, Milchprodukten, veganen Ersatzprodukten sowie Fleisch und Fisch, kannst du so ganz schnell etwas Gesundes und natürlich Leckeres kochen.

Unsere Tipps für den Wocheneinkauf:
Checke, was da ist! Um nicht zu viel zu kaufen und dann ggf. Lebensmittel wegwerfen zu müssen, sollte vor dem Schreiben des Einkaufszettels immer eine Kontrolle der vorhandenen Lebensmittel stehen.
Schreib eine Liste! Wenn du dich strikt an einen Einkaufszettel hältst, sparst du nicht nur Geld, sondern vermeidest auch Impulskäufe, die meist aus Heißhunger entstehen.
Achte auf Angebote! Dauerbrenner wie Pflanzendrink oder Milch, Nudeln, Gewürze und Konserven lohnen sich besonders dann, wenn sie im Angebot sind – also zuschlagen!
Kauf bunt! Fülle deinen Vorratsschrank nicht immer mit den gleichen Zutaten. Statt die üblichen roten Linsen können auch mal schwarze oder braune im Korb landen.
Pflege den Vorrat! Diese Zutaten solltest du immer daheim haben:
- Pasta in allen Variationen (z. B. auch Vollkorn-Pasta und solche aus Hülsenfrüchten)
- Hülsenfrüchte im Glas
- Gewürze
- Getreide (Couscous, Bulgur, Grünkern, Reis ...)
- TK-Gemüse
- Nüsse und Saaten
- Flocken und Mehl (Getreide, Hafer, Hirse ...)

EINKAUFSTIPPS FÜR EINEN GESUNDEN FAMILIENTISCH

1. Saisonal

Kauf saisonal! Gemüse und Obst der Saison ist fast immer günstiger. Denn so entfällt für die Hersteller weniger Lagergebühr. Kürbisse z. B. sind im Herbst in so großer Anzahl vorhanden, dass sie besonders auf dem Markt oder beim Direktvertrieb sehr günstig zu haben sind. Am besten hängst du dir einen schönen Saisonkalender an den Kühlschrank – so sieht dein Kind auch direkt, was regional angebaut und in welcher Jahreszeit verfügbar ist.

2. Fleisch und Veggie

Gutes Fleisch, aber selten: Greif lieber zu hochwertigem Fleisch und Fisch und koche öfter mal vegetarisch und vegan. Das schont nicht nur Klima und Geldbeutel, sondern ist auch gesünder. Fleisch aus artgerechter Bio-Tierhaltung enthält deutlich weniger Medikamentenrückstände und mehr Nährstoffe.

3. Bitte lecker

Ausnahmen machen Freude – zum gesunden Familientisch gehört auch Genuss. Deshalb dürfen auch Veggie-Dino-Schnitzel, Kroketten oder fertige Falafelmischungen in den Einkaufskorb. Freude am Essen und ein »gesundes« Verhältnis zur Nahrung stehen an erster Stelle. Deshalb dürfen die Kleinen ab einem gewissen Alter auch mal Süßkram essen.

4. Mitmischen

Lass dein Kind mitentscheiden! Wir haben die Erfahrung gemacht, dass Partizipation dazu führt, dass weit mehr probiert und interessiert gegessen wird. Wer selbst Gemüse in den Einkaufskorb legen darf, möchte ggf. auch beim Zubereiten helfen und isst mit Genuss auch Grünzeug. Und hab hier gerne im Hinterkopf, dass in deinem Einkaufskorb normalerweise das landet, was du gerne isst.

5. Denk an dich

Denk beim Einkaufen auch daran, es dir leicht zu machen. Obst und Knabberstangen werden täglich gegessen und zuckerfreie Kekse müssen nicht ausschließlich selbst gebacken werden. Dein Kind freut sich auch über gekaufte, gesunde Snacks, z. B. auf Gemüsebasis. Familienernährung darf sich gut anfühlen.

6. Bleib entspannt

Vielleicht hat dein Kind heute keine Lust auf den Auflauf, der letzte Woche noch der Renner war. Dann gilt es, entspannt zu bleiben und nicht viele Worte darüber zu verlieren. Dein Kind darf dann natürlich auch eine Scheibe Brot mit Belag oder andere Reste essen, auch eine Schüssel Müsli ist immer erlaubt. Sonderwünsche extra kochen musst du aber nicht – es darf schnell gehen.

FAQs

Auf Instagram und unserem Blog dürfen wir uns täglich mit unserer Community austauschen und wissen so, welche Fragen Eltern bei der Ernährung ihres Kleinkindes beschäftigen. Die am häufigsten gestellten Fragen wollen wir gerne auch in diesem Buch beantworten.

Wie ist das mit Salami, Camembert und Rohmilchkäse, rohem Schinken und Sushi?

Rohmilchprodukte sowie rohes Fleisch (Hackfleisch, Mett) und roher Fisch und rohe Meerestiere (z. B. Sushi), aber auch Rohwurst (wie Salami) sollten weiterhin gemieden und erst nach dem fünften Geburtstag angeboten werden. Dies gilt auch für rohes Ei und daraus zubereitete und nicht ausreichend erhitzte Speisen.

Ist es ab einem Jahr okay, mit Salz zu kochen und zu backen?

Nach wie vor gilt: Salz in Maßen und je weniger, desto besser. Die empfohlene Salzmenge pro Tag erhöht sich von max. 1 g Salz pro Tag für Babys nun auf max. 2 g Salz pro Tag. Trotzdem können nun auch ab und zu verarbeitete Lebensmittel, z. B. Pizzateig aus dem Kühlregal, Verwendung finden. Das leichte Salzen der Familiengerichte ist erlaubt, aber nicht nötig.

Wie ist das mit Honig und Zucker?

Hier kommt es sicher ganz darauf an, wie euer Umgang als Familie mit dem Thema Zucker ist und welche Vorstellungen du in Bezug auf den Zuckerkonsum deines Kindes hast. Erlaubt sind Honig und auch Zucker und andere Süßungsmittel. Jedoch sind dies keine Zutaten, die in der Ernährung eines Kleinkindes ab jetzt regelmäßig vorkommen müssen.

Wie viel muss mein Kind essen, um satt zu werden?

Jeder Mensch is(s)t individuell und so haben auch Kinder abhängig von der aktuellen körperlichen und geistigen Entwicklung, dem momentanen Gesundheitszustand (Zahnen, Fieber oder richtig »gesund sein«), dem tagesaktuellen Bewegungslevel und vielen weiteren Faktoren einen unterschiedlichen Bedarf an Kalorien und Nährstoffen. Es ist nicht jeder

Tag gleich. Wenn sich dein Kind altersgerecht entwickelt, zunimmt (hier gibt es auch immer wieder Phasen, in denen das Gewicht stagniert und die Zunahme erfolgt nicht mehr so rasant wie im ersten Lebensjahr) und wach und aufgeweckt ist, gibt es hier keinen Grund zur Sorge. Es sollte nie der Zwang bestehen, bestimmte Mengen essen zu müssen.

Soll ich mein Kind noch füttern?

Wenn die Beikostzeit bei euch breifrei stattgefunden hat, dann ist es dein Kind sicherlich gewohnt, sich selbst zu füttern und aus dem ihm angebotenen Angebot an Speisen frei zu wählen. Hat dein Kind bisher Brei bekommen, so hat es hier weniger Erfahrungen gemacht. Es ist nicht nötig, gesund entwickelte und dadurch motorisch fitte Kinder zu füttern. Sie dürfen spätestens jetzt eigene Erfahrungen sammeln und die angebotenen Gerichte mit den Händen erleben und essen. Kinderbesteck oder eine kleine Kuchengabel kannst du deinem Kind zu allen Mahlzeiten anbieten, so lernt es auch hier in seinem Tempo einen guten Umgang und kann bei dir abschauen und nachahmen.

Mein Kinderarzt hat gesagt, ich muss mit einem Jahr abstillen. Soll ich?

Die Dauer der Stillbeziehung bestimmst du gemeinsam mit deinem Kind. Es ist kein Muss zum ersten Geburtstag mit dem Stillen aufzuhören. Die Weltgesundheitsorganisation (WHO) empfiehlt das ausschließliche Stillen die ersten sechs Monate. Danach lautet die Empfehlung, auch mit der Einführung der Beikost und bis zum Ende des zweiten Lebensjahres und darüber hinaus weiter zu stillen, solange Mutter und Kind das möchten. Die Dauer und Häufigkeit wird sich verändern und nach und nach wird dein Kind von der Familienkost statt werden bzw. die Mahlzeiten durch Stillmahlzeiten ergänzen. Der erhöhte Bedarf, z. B. an Kalorien, Eisen und Zink, wird ab Beginn der Beikostzeit durch Beikost und später durch die Familiengerichte gedeckt.

Mein Kind isst keinen Fisch, was kann ich tun?

Fisch steht in dieser Frage wohl stellvertretend für die unterschiedlichsten Lebensmittel, denn zu diesem Thema erreichen uns sehr häufig Fragen. Unser Rat: Schau dir das Lebensmittel an, das gar nicht oder wenig gegessen wird, und ordne es einer Lebensmittelgruppe zu. Schau dann, was dieses Lebensmittel an wirklich lebenswichtigen Nährstoffen enthält. Fisch

z. B. ist eine Eiweißquelle und außerdem ein Lieferant von Omega-3-Fettsäuren. Im nächsten Schritt überlegst du, welche Lebensmittel, die dein Kind gerne isst, diese Nährstoffe ebenfalls erhalten: Putenfleisch, Ei oder auch Tofu. Omega-3-Fettsäuren können durch pflanzliche Lebensmittel wie Walnüsse oder Leinsamen, z. B. geschrotet im Brot oder in Form von Leinöl auf dem Porridge, angeboten werden. Wenn ihr als Familie Fisch esst und er in eurem Speiseplan integriert ist, dann kannst du ihn deinem Kind auch immer wieder in verschiedenen Formen entspannt anbieten. Unser Geschmack verändert sich im Laufe unseres Lebens und viele müssen wir öfter probieren.

Wie ist das, wenn mein Kind zur Tagesmutter oder in die Kita kommt?

Zu Hause ist zu Hause und Kita ist Kita. Auch wenn dein Kind noch viel stillt, musst du dir keine Sorgen machen. Im Beisein anderer Kinder wird fast immer mehr und anders gegessen als zu Hause. Nach wenigen Tagen hat sich dein Kind an die neue Situation gewöhnt. Seine Stillmahlzeiten holt es sich ab, wenn ihr wieder zusammen seid.

Wie wichtig ist es, Lebensmittel in Bio-Qualität anzubieten und wie mache ich das: mit oder ohne Schale?

Bio-Lebensmittel enthalten weniger Pestizide. Sie werden klimafreundlicher und auch tierfreundlicher angebaut. Es lohnt sich daher, Obst- und Gemüse saisonal in Bio-Qualität zu kaufen. Dann kannst du, natürlich nach gründlichem Waschen, auch fast alles mit Schale anbieten.

Wir ernähren uns vegetarisch. Worauf muss ich hier bei meinem Kind achten?

Egal, für welche Ernährungsform ihr euch als Familie entscheidet, wichtig ist zu wissen, welche Nährstoffe dein Kind braucht und wie es diese erhält. Je vielfältiger der Speiseplan, umso besser. Bei einer einseitig omnivoren Ernährung ist man möglicherweise schlechter versorgt als bei einer informiert veganen Lebensweise. Im Zweifel kannst du eine Ernährungsberatung machen, um mehr Sicherheit zu bekommen. Wenn du dich gut informiert fühlst, kannst du dir auch einmal für eure Lieblingsgerichte aufschreiben, welche Nährstoffe enthalten sind, und schauen, wie du hier etwa durch die Zugabe von Nussmus oder die Kombination mit Vitamin-C-haltigem Obst und Gemüse den Nährstoffgehalt und die -aufnahme steigern kannst.

Darf mein Kind nun im Autositz oder beim Spielen essen?

Wir sagen: Nein, ganz klar nicht. Weder im Autositz noch beim abgewandten Spielen, Laufen und Toben siehst du, wenn sich dein Kind verschluckt, geschweige denn kannst du schnell genug reagieren. Auch wenn dein Kind schon sicher im Umgang mit Lebensmitteln ist und geübt isst, kann es sich trotzdem einmal verschlucken – beim Spielen oder Sprechen ist das schnell passiert. Dein Kind darf aber auf dem Boden sitzend, auf einer Bank oder unangeschnallt im Buggy snacken, wenn du es dauerhaft im Blick hast – es muss nicht immer streng am Tisch Mahlzeiten einnehmen. Wichtig ist, dass du deinem Kind klar kommunizierst, dass es entweder spielen oder essen soll.

Von Eltern für Eltern

DIE BESTEN TIPPS AUS UNSERER COMMUNITY

Das Mamasein hat uns noch einmal mehr gezeigt, wie gut es tut, sich mit anderen Menschen, mit denen man thematisch auf einer Wellenlänge ist, auszutauschen. In Krabbelgruppen, beim Spaziergang mit Freundinnen und Freunden, die auch Kinder haben, oder bei einer zufälligen Begegnung im Supermarkt oder Restaurant, bei der man sich zulächelt, während Gefühlsstürme begleitet oder der Einkaufswageninhalt besprochen werden.
Weil wir diesen Austausch so wertvoll finden und der Meinung sind, dass wir Eltern sehr viel voneinander lernen können, haben wir unsere Community gefragt, was man als Eltern von einem Kleinkind in Bezug auf das Thema Ernährung unbedingt wissen sollte.

Tipp 1

PERFEKT UNPERFEKT

Natürlich habe ich einen gewissen Anspruch und möchte, dass meine Zwillinge gesund essen. Aber an manchen Tagen komme ich zu nichts, bin froh, wenn mein Mann die beiden übernimmt und ich etwas Zeit für mich habe. Dann gibt es bei uns Pasta oder abgepackte Gnocchi mit Pesto aus dem Glas oder wir bestellen Pizza. So kann ich in Bezug auf Ernährung entspannt bleiben. Ich bin der Meinung, dass ein gutes Mittelmaß eine gesunde Ernährung ausmacht – Ausnahmen dürfen sein!

Tipp 2

ESSENSPLÄNE

Ich war der Papa, der mittags keinen Plan hatte, was die hungrigen Bäuche füllen könnte. Mein Standardessen waren Nudeln mit Pesto. Bis ich mir vorgenommen habe, mit Essensplänen zu kochen. Das entspannt mich total und sorgt obendrein dafür, dass wir neue Rezepte ausprobieren. Und das häufige planlose Einkaufen hat sich damit auch erledigt.

Tipp 3

NICHT REINREDEN LASSEN

Ich bin Expertin für mein Kind und kenne es am besten. Da brauche ich mir nicht von Nachbarn, Großeltern oder anderen Eltern aus der Spielgruppe reinreden lassen. Und auch auf Essmengen- und Gewichtsvergleiche lasse ich mich nicht ein! Ich weiß, dass mein Kind gut versorgt ist und »gut« isst. Nämlich genauso, wie es das gerade braucht.

Tipp 4

RESTAURANTBESUCH MIT KLEINKIND

Wir lieben es, als Paar essen zu gehen, und unser Sohn genießt es auch. Weil er gerade anfängt mit Besteck, zu essen, nehmen wir seine Lieblingsgabel und seinen Lieblingslöffel gerne mit. Auch Feuchttücher, Buntstifte und das aktuelle Lieblingsbuch dürfen nicht fehlen. Hochstuhl und Babyteller gibt es in unserem Lieblingsrestaurant.

Tipp 5

VORBEREITUNG IST ALLES!

Wenn wir einen Ausflug planen, komme ich mir manchmal vor, als würde ich auswandern. Aber es hat sich für uns bewährt. Neben Wechselkleidung, Windeln und Matschhose sorge ich vor allem beim Essen vor. Feuchte Waschlappen, Mulltücher und Lätzchen dürfen nicht fehlen. In unsere Kühltasche packe ich ein scharfes Messer, eine leere Box für Reste, die liebsten Snacks, etwas frisches Obst und Rohkost. Auch frisches Wasser in der Trinkflasche habe ich immer griffbereit. Wenn die Autofahrt oder Restaurantsuche mal länger dauert oder zwischendrin der große Hunger kommt, bin ich damit gut vorbereitet.

GESUNDER START IN DEN TAG

FRÜHSTÜCK FÜR DIE GANZE FAMILIE

Das passende Rezept am Morgen kann viel bewegen: Lust aufs Anziehen, Kraft für den Weg zum Kindergarten oder einfach nur die Laune heben und die müden Augen munter machen. Deshalb gibt es gleich in der Früh jede Menge Kinderlieblinge: Muffins, Pancakes, Waffeln, Porridge und Smoothies. Mit gesundem Twist, frischem Obst und vielen Nährstoffen startet es sich so besonders erfolgreich. Das wissen wir aus eigener Erfahrung!

Die schmecken immer

4 × schnelle Aufstriche

1

Für 2 Schraubgläser (à 230 ml)
Zubereitungszeit 15 Min.

500 g Erdbeeren (ersatzweise Birnen, Pflaumen, Pfirsiche)
1 Bio-Zitrone
1 Msp. gemahlene Bourbon-Vanille
2 TL Flohsamenschalen

ERDBEERAUFSTRICH

1 Die Erdbeeren waschen, putzen und vom Strunk befreien. Die Erdbeeren grob würfeln, anschließend pürieren. Das Erdbeerpüree in einen kleinen Topf geben. Die Zitrone heiß abwaschen, trocken reiben und 1 TL Schale abreiben. Den Saft auspressen. Zitronenschale und 1 EL -saft, Vanille und Flohsamenschalen dazugeben und mit einem Schneebesen unterrühren.
2 Alles unter Rühren aufkochen und ca. 4 Min. sanft köcheln lassen, bis die Masse leicht eindickt. Direkt in saubere Schraubgläser füllen und verschließen. Der Aufstrich hält sich 3–4 Tage im Kühlschrank, kann aber auch eingefroren werden.

SCHOKO-HASELNUSS-AUFSTRICH

1 Haselnussmus und Haferdrink in einem kleinen Topf glatt rühren, dabei evtl. etwas erwärmen. Das Kakaopulver darübersieben und erneut glatt rühren. Vanille und Reissirup dazugeben und alles cremig verrühren.
2 Den Aufstrich ein sauberes Glas füllen. Er hält sich luftdicht verschlossen im Kühlschrank bis zu 4 Tage lang frisch.

2

Für ein Schraubglas (125 ml)
Zubereitungszeit 5 Min.

100 g Haselnussmus
2 EL Haferdrink
1 EL Kakaopulver
1 Msp. gemahlene Bourbon-Vanille
1 EL Reissirup

3

Für 1 Glas (300 ml)
Zubereitungszeit 25 Min.

1 rote Paprika
1 Zwiebel
1 Knoblauchzehe
2 EL Olivenöl
50 g Cashewkerne
1 Msp. edelsüßes Paprikapulver
1 Msp. geräuchertes Paprikapulver

PAPRIKA-CASHEW-AUFSTRICH

1 Die Paprika waschen, putzen und von Kernen und weißen Trennhäuten befreien. Das Fruchtfleisch 1 cm groß würfeln. Zwiebel und Knoblauch schälen und fein würfeln. Das Öl in einer Pfanne erhitzen, Paprika und Zwiebel bei mittlerer Hitze darin ca. 15 Min. anbraten. Knoblauch und Cashewkerne zugeben und weitere 5 Min. braten. Mit Paprikapulver würzen.

2 Alles in einen hohen Mixbecher geben und fein pürieren. Den Aufstrich in ein sauberes Schraubglas füllen und bis zu 4 Tage im Kühlschrank aufbewahren.

4

Für 1 Glas (300 ml)
Zubereitungszeit 20 Min.

200 g Steckrübe
100 g rote Linsen
1 Msp. Kurkumapulver
1 TL Tahin (Sesampaste)
2 TL Zitronensaft

WINTERWURZELAUFSTRICH

1 Die Steckrübe putzen, schälen und 1 cm groß würfeln. Die Linsen in einen kleinen Topf geben, die Steckrübe darauf verteilen und mit 200 ml Wasser auffüllen. Alles im geschlossenen Topf einmal aufkochen, dann bei kleiner Hitze ca. 15 Min. garen.

2 Mit Kurkuma, Tahin, Zitronensaft fein pürieren. Hält sich in einem sauberen Schraubglas bis zu 4 Tage im Kühlschrank.

Frühstückskekse

Perfekt für die Kitabrotdose – die Kekse sind krümelarm, voll mit gesunden Nährstoffen und großartig vorzubereiten. Einfach immer einen Schwung in der Tiefkühltruhe auf Vorrat halten.

Für ca. 20 Stück
Zubereitungszeit 15 Min.
Backen 20 Min.

1 EL Chia-Samen
300 g zarte Haferflocken
60 g Soft-Datteln (entsteint)
40 g Rosinen
40 g Kürbiskerne
40 g Sonnenblumenkerne
1 TL Weinstein-Backpulver
1 TL Ceylon-Zimtpulver
50 g neutrales Öl
50 g Honig (ersatzweise Reissirup)
200 g Apfelmark

1 Die Chia-Samen in einer kleinen Schale mit 3 EL heißem Wasser verrühren und ca. 10 Min. quellen lassen. Inzwischen 150 g Haferflocken in einem Hochleistungsmixer fein mahlen. Datteln und Rosinen zugeben und nochmals mixen, sodass die Trockenfrüchte sehr klein werden. Dann Kürbiskerne und Sonnenblumenkerne zugeben und kurz pulsierend mixen, die Kerne sollten nicht ganz fein gemahlen werden.

2 Die restlichen 150 g Haferflocken, Backpulver, Zimt, Öl, Honig und Apfelmark zugeben und die Masse gut verrühren.

3 Den Backofen auf 180° vorheizen. Mit leicht angefeuchteten Händen ca. 20 Kekse (á 8 cm Ø) formen, auf ein mit Backpapier belegtes Backblech legen und im Ofen (Mitte) ca. 20 Min. backen. Dann die Kekse herausnehmen, komplett auskühlen lassen und bis zu 14 Tage in einer Blechdose aufbewahren.

BREIFREIBABY-TIPP:

Ab dem zweiten Lebensjahr ist Honig erlaubt, aber kein Muss. Selbstverständlich kannst du hier auch Agavendicksaft, Birnendicksaft oder Ahornsirup verwenden. Nur deine Sorge vor Säuglingsbotulismus, die kannst du nun aufgeben.

Wassermelonen-Müsli-Bowl

Am Wochenende nehmen wir uns gerne viel Zeit, um gemeinsam in der Küche vorzubereiten und anschließend entspannt zu frühstücken. Wir probieren gern neue Ideen aus und machen aus einem auf den ersten Blick langweiligen Frühstück einen echten Hingucker – mit einer »Melonenschüssel«!

Für 4 Personen
Zubereitungszeit 15 Min.
Ruhen 8 Std.

- 100 g zarte Haferflocken
- 400 g Joghurt (ersatzweise vegane Alternative)
- ½ TL gemahlene Bourbon-Vanille
- 2 Mini-Wassermelonen
- 1 Mango
- 125 g Heidelbeeren
- 125 g Himbeeren
- 4 EL Mandelmus

FÜR DIE GROSSEN

- 4 EL Knuspermüsli

1 Die Haferflocken mit Joghurt und Vanille verrühren, abdecken und über Nacht im Kühlschrank quellen lassen.

2 Die Wassermelonen halbieren und das Fruchtfleisch mit einem Esslöffel herauslösen. Dabei einen Rand von ca. 1 cm stehen lassen. Die Mango schälen, das Fruchtfleisch vom Kern schneiden und ca. 0,5 cm groß würfeln. Die Beeren waschen und verlesen. Die Wassermelonenhälften mit der Haferflocken-Joghurt-Mischung füllen, mit Mango und Beeren bestreuen und mit Nussmus beträufelt servieren.

3 Für die Großen die Wassermelonenhälften vor dem Servieren noch mit Knuspermüsli bestreuen.

ANNINAS TIPP:

Das restliche Fruchtfleisch der Wassermelone kommt bei mir gewürfelt und luftdicht verpackt in den Tiefkühler. Die tiefgekühlten Melonenstücke püriere ich mit frisch gepresstem Zitronensaft und Minze im Hochleistungsmixer zu einem süßen Slush.

Muffins mit Obsttöpfchen

Diese Muffins sind nicht nur optisch eine Schönheit, sie überzeugen auch mit nährstoffreichen Zutaten. Du kannst sie super zusammen mit deinen Kindern backen, die neben Obst sicher auch gerne Trockenfrüchte und Schokostücke im Teig verstecken.

Für 12 Stück
Zubereitungszeit 20 Min.
Backen 22 Min.

3 EL Chia-Samen
10 große Erdbeeren
10 Datteln (entsteint)
100 g Apfelmark
40 ml neutrales Öl
200 g vegane Joghurtalternative auf Kokosbasis
160 g Dinkelmehl (Type 630)
100 g gemahlene Haselnüsse
1 TL Weinstein-Backpulver
1 Msp. gemahlene Bourbon-Vanille

AUSSERDEM:
12er-Muffinblech
12 Papier-Muffinförmchen

1 Die Chia-Samen mit 9 EL heißem Wasser mischen und ca. 10 Min. quellen lassen. Den Backofen auf 190° vorheizen.

2 Inzwischen die Erdbeeren waschen und putzen. Datteln, Apfelmark, Öl und Joghuralternative im Hochleistungsmixer fein mixen. Mehl, Haselnüsse, Backpulver und Vanille separat in einer Schüssel mischen. Die feuchten Zutaten und das Chia-Gel dazugeben und alles gut mischen.

3 Die Mulden im Muffinblech mit Papierförmchen auslegen. Den Teig auf die Förmchen verteilen und jeweils 1 Erdbeeren mittig tief in den Teig drücken, sodass die Spitze gerade noch zu sehen ist. Die Muffins im Ofen (Mitte) ca. 22 Min. backen, dann herausnehmen und gut abkühlen lassen.

UNSER MUFFIN-TIPP:

Es lohnt sich, hochwertige Muffinförmchen aus Papier zu kaufen. Aus den günstigen löst sich der Teig meist erst nach einigen Stunden gut. Noch besser ist eine waschbare Silikonform. Wenn du beides nicht im Haus hast, helfen Backpapierzuschnitte.

Apfel-Zimt-Waffeln

Waffeln sind bei vielen Kids sehr beliebt. Mit einem schnellen und einfachen Standardrezept, das ohne frische und mit ausschließlich pflanzlichen Produkten auskommt, hast du im Vorrat immer alles für die waffelhungrige Familie parat.

Für 8 Stück
Zubereitungszeit 40 Min.

1 kleiner Apfel
250 g Dinkelmehl (Type 630)
1 TL Weinstein-Backpulver
125 g geröstete, gemahlene Mandeln
1½ TL Ceylon-Zimtpulver
200 ml Haferdrink (ersatzweise Kuhmilch)
200 ml kohlensäurehaltiges Mineralwasser
40 ml neutrales Öl + mehr für das Waffeleisen
60 g Apfelmark

1 Den Apfel waschen und auf einer Vierkantreibe grob raspeln. Die trockenen Zutaten in einer Rührschüssel mischen. Haferdrink, Mineralwasser, Öl und Apfelmark dazugeben und alles mit dem Schneebesen zu einem homogenen, zähen Teig verrühren. Die Apfelraspel unterrühren.

2 Das Waffeleisen auf mittlere Hitze vorheizen, dann dünn mit Öl einpinseln. Den Teig portionsweise (je etwa 3½ EL) in ca. 4 Min. zu acht Waffeln ausbacken und die fertigen Waffeln auf einem Kuchengitter stapeln.

EIN KLEINER WAFFEL-TIPP:

Die zuckerfreien Waffeln können fürs Frühstück mit frischem Obst, Beeren und Joghurt serviert werden. Übrige Waffeln können mit einer Kugel Eis, heißen Kirschen oder Schlagsahne als Nachtisch ergänzt werden. Die Waffeln können eingefroren und mit der Auftaufunktion des Toasters aufgebacken werden.

Pancakes mit Beerensauce

Für 16 Stück
Zubereitungszeit 35 Min.

500 g TK-Beerenmischung
2 EL Ahornsirup
375 ml Sojadrink
1 EL Mandelmus
2 EL Apfelmark
2 TL Apfelessig
300 g Dinkelmehl (Type 630)
½ TL gemahlene Bourbon-Vanille
4 EL Bratöl

1 Die Beeren mit dem Ahornsirup in einen kleinen Topf geben und ca. 10 Min. sanft köcheln lassen. Dann pürieren und weitere 10 Min. bei kleinster Hitze etwas eindicken lassen.

2 Inzwischen Sojadrink, Mandelmus, Apfelmark und -essig in einer Schüssel gründlich mit einem Schneebesen verrühren. Dinkelmehl und Vanillepulver dazugeben und alles zügig zu einem zähen Teig verrühren.

3 Je 1 EL Öl in zwei großen Pfannen erhitzen, auf mittlere Hitze reduzieren und je vier kleine Pancakes darin in ca. 4 Min. pro Seite ausbacken. Auf einem Kuchengitter stapeln. Erneut je 1 EL Öl in die Pfannen geben und den restlichen Teig portionsweise ausbacken. Die Pancakes mit Erdbeersauce servieren.

Bärentoast

Für 4 Stück
Zubereitungszeit 10 Min.

4 TL Nussmus (z. B. braunes Mandelmus)

4 Scheiben Toastbrot (zuckerfrei)

1 Banane

6 Blaubeeren

1 Das Nussmus kreisförmig auf den Toastscheiben verteilen, sodass ein kleiner heller Rand bleibt. Die Banane schälen und in 1 cm dicke Scheiben schneiden. Die Blaubeeren waschen, verlesen und halbieren.

2 Auf jede Brotscheibe an die zwei oberen Ecken eine Bananenscheibe legen. Drei Bananenscheiben mittig als Schnauze und zwei Augen platzieren. Die halbierten Blaubeeren so darauf platzieren, dass ein Gesicht entsteht.

BITTE KREATIV WERDEN:

Mit Nussmus und Obst lassen sich auch ganz wunderbar andere Tiere, z. B. Eulen oder Füchse, legen. Je mehr Abwechslung, desto besser! Bestimmt hat auch dein Kind lustige Ideen für den Frühstücksteller.

Kräuter-Scones

Für 12 Stück
Zubereitungszeit 15 Min.
Backen 15 Min.

300 g Mehl + mehr zum Arbeiten
2 TL Weinstein-Backpulver
Kräutersalz
70 g Margarine
2 Bund Gartenkräuter (z. B. Petersilie, Schnittlauch, Dill)
150 ml Sojadrink

1 In einer großen Schüssel Mehl, Backpulver und ½ TL Kräutersalz mischen. Die Margarine 1 cm groß würfeln und mit den Fingerspitzen gründlich ins Mehl reiben. Die Kräuter waschen und trocken schütteln, die Blättchen abzupfen und fein hacken, Schnittlauch zu Röllchen schneiden. Kräuter und Sojadrink zum Teig geben und zügig mit einem Esslöffel unterrühren.

2 Den Backofen auf 200° vorheizen. Den Teig auf ein mit Backpapier belegtes Blech geben und etwas größer als kuchentellergroß rund formen, ca. 2–3 cm hoch. Dann die Teigplatte mit einer bemehlten Teigkarte in zwölf Kuchenstücke teilen, aber nicht auseinanderziehen. Die Scones im heißen Ofen (Mitte) ca. 15 Min. backen. Dann die Scones an den Schnittkanten auseinanderbrechen und komplett auskühlen lassen.

Tomaten-Pilz-Omelett

Nicht nur als Frühstück, auch als schnelles Mittagessen oder Abendessen bietet sich ein Omelett an. Es ist die perfekte Resteverwertung für Gemüse und lässt sich nach den Essvorlieben deines Kindes gestalten und würzen.

Für 4 Portionen
Zubereitungszeit 20 Min.

6 Eier (M)
4 EL Mehl
1 TL getrocknete Kräuter der Provence
60 ml kohlensäurehaltiges Mineralwasser
2 Tomaten
6 Egerlinge (oder Champignons)
2 EL Olivenöl

1 Die Eier in einem Mixbecher mit einem Schneebesen schaumig rühren. Mehl, getrocknete Kräuter und Mineralwasser zugeben und alles glatt rühren. Die Tomaten waschen, putzen und 1 cm groß würfeln. Die Pilze mit einem Küchentuch abreiben, putzen und in 0,5 cm dicke Scheiben schneiden.

2 Das Öl in einer großen Pfanne erhitzen und die Pilze darin ca. 6 Min. anbraten, dann die Tomatenwürfel dazugeben und mit der Omelettmischung übergießen. Das Omelett bei kleiner bis mittlerer Temperatur ca. 6 Min. backen, dann wenden und zu Ende backen. Das Omelett vierteln und servieren.

UNSER EIER-TIPP:

Das Ei sollte immer komplett gar sein, wenn du es deinem Kind anbietest. Du kannst neben Pilzen und Tomaten unzählige andere Gemüsesorten oder Hülsenfrüchte einbauen, z. B. Mais, Erbsen oder Kidneybohnen. Auch geriebener Käse schmeckt lecker in diesem Eierfrühstück.

Ofenpfannkuchen mit Obstsalat

Ofenpfannkuchen sind optisch einfach der Hit. Zum Ende der Backzeit gehen sie in der Form futuristisch auf und begeistern allein deshalb schon die Kleinen. Als Topping wählst du am besten saisonales Obst – im Herbst passt auch Apfelkompott wunderbar.

Für 4 Portionen
Zubereitungszeit 20 Min.
Backen 18 Min.

80 g Butter
6 Eier (M)
300 ml Milch
190 g Dinkelmehl (Type 630)
1 Kiwi
1 Pfirsich
1 Banane
1 Birne
3 Aprikosen
Ahornsirup (nach Belieben)

AUSSERDEM:
1 Auflaufform (30 × 20 cm)

1 Für den Pfannkuchen den Backofen auf 220° vorheizen. Die Butter in die Auflaufform geben und diese mit in den Ofen stellen, bis sie flüssig ist.

2 In einer Schüssel Eier, Milch, Mehl und Butter mit den Quirlen des Handrührgeräts zu einem glatten Teig verrühren. In die Auflaufform geben und im heißen Ofen (Mitte) in ca. 18 Min. goldbraun backen.

3 Inzwischen die Kiwi schälen und in 1 cm große Stücke schneiden. Den Pfirsich waschen, halbieren, vom Kern befreien und in 1 cm große Stücke schneiden. Die Banane schälen und in dünne Scheiben schneiden. Die Birne waschen, vierteln, vom Kerngehäuse befreien und in 1 cm große Stücke schneiden. Die Aprikosen waschen, halbieren, von den Kernen befreien und ebenfalls 1 cm groß würfeln.

4 Den Ofenpfannkuchen in Quadrate schneiden und mit Obstsalat und nach Belieben Ahornsirup servieren.

Maispuffer mit Käse

Für 4 Portionen
Zubereitungszeit 30 Min.

200 g Vollkorn-Dinkelmehl
1 TL Weinstein-Backpulver
250 ml kohlensäurehaltiges Mineralwasser
2 Eier (M)
1 Glas Mais (275 g Abtropfgewicht)
100 g Bergkäse
3 EL Bratöl

1 Mehl und Backpulver in einer großen Schüssel mischen. Mineralwasser und Eier mit dem Schneebesen separat glatt rühren. Den Mais in ein Sieb abgießen, kalt abbrausen und gut abtropfen lassen. Den Käse fein reiben.

2 Die flüssigen Zutaten, Mais und Käse unter die Mehlmischung rühren, sodass ein glatter Teig entsteht. Das Öl in einer großen Pfanne erhitzen. Den Teig mit einer Suppenkelle portionsweise in die Pfanne geben und so in je ca. 5 Min. pro Seite zu Puffern backen. Herausnehmen und auf Küchenpapier entfetten.

Birnenporridge

Für 4 Personen
Zubereitungszeit 22 Min.

160 g zarte Haferflocken
½ TL Ceylon-Zimtpulver
250 ml Milch
2 feste Birnen
1 EL Butter
½ TL gemahlener Kardamom
1 EL Rohrohrzucker
1 EL braunes Mandelmus

1 Haferflocken, Zimt und Milch in einen kleinen Topf geben, einmal aufkochen und unter gelegentlichem Rühren ca. 13 Min. sanft köcheln lassen, bis ein dickes, cremiges Porridge entsteht.

2 Inzwischen die Birnen waschen, vierteln und entkernen. ½ Birne fein reiben und unter das fertige Porridge rühren. Die restlichen Birnen in Spalten schneiden. Die Butter in einer kleinen Pfanne zerlassen und die Birnenspalten darin ca. 5 Min. dünsten. Kardamom und Zucker mischen, über die Birnen streuen und leicht karamellisieren lassen.

3 Das Porridge mit karamellisierten Birnen anrichten und mit Mandelmus getoppt servieren.

Milchbrötchen

Leckere Brötchen, wie vom Bäcker! Mit diesem Rezept kannst du dir jederzeit leckeren Brötchenduft und fluffig weiche Brötchen zu Hause selbst machen. Statt Haushaltszucker nutzen wir Trockenfrüchte für fruchtige Süße.

Für 16 Stück
Zubereitungszeit 15 Min.
Ruhen 35 Min.
Backen 8 Min.

350 ml Milch (ersatzweise Haferdrink)

50 g Butter (ersatzweise Pflanzenmargarine)

200 g Trockenfrüchte (z. B. Datteln und Aprikosen)

600 g Mehl

2 Päckchen Trockenhefe (à 7 g)

1 Milch, Butter und Trockenfrüchte in einen kleinen Topf geben und 5 Min. bei kleinster Hitze erwärmen. In einen hohen Mixbecher geben und fein pürieren.

2 Mehl und Hefe in einer großen Schüssel vermischen, die Flüssigkeit dazugeben. Mit den Knethaken des Handrührgeräts in ca. 5 Min. zu einem klebrigen Teig verkneten. Abgedeckt ca. 35 Min. an einem warmen Ort gehen lassen.

3 Zwei Bleche mit Backpapier auslegen, den Ofen auf 170° (Umluft) vorheizen. Vom Teig mit einem Esslöffel je etwa golfballgroße Mengen Teig abnehmen und zu leicht länglichen Brötchen formen. Diese mit etwas Abstand zueinander auf die Bleche legen. Dann im heißen Ofen (Mitte) in ca. 8 Min. hellbraun backen. Herausnehmen und kurz abkühlen lassen.

MIT FRISCHER HEFE:

Der Teig kann auch mit frischer Hefe zubereitet werden. Wenn du den Teig bereits am Vortag vorbereiten möchtest, lass den Teig in einer großen, luftdicht verschlossenen Schüssel über Nacht im Kühlschrank gehen. Am nächsten Morgen formst du die Brötchen und lässt sie auf dem Backblech noch ca. 25 Min. gehen, bevor du sie backst.

BUNTER FAMILIENTISCH

WARME GERICHTE

Alle zusammen an einem Tisch – so schmeckt es nicht nur am besten, es schafft auch Intimität und Verbundenheit. Einmal am Tag darf es auf jeden Fall eine warme Hauptmahlzeit sein – ob dein Kind sie nun komplett oder nur in Komponenten isst, ist erst mal nebensächlich. Beziehe dein Kind beim Kochen mit ein. Es kann Gemüse waschen, Dips zusammenrühren und gemeinsam mit dir würzen. Unsere Gerichte sind eine Mischung aus bewährten Kinderlieblingen und nährstoffreichen Neukreationen, die es hoffentlich dauerhaft auf euren Speiseplan schaffen.

Pizza-Hawaii-Stangen

Zu Stangen geschnitten, ist Pizza perfekt für Kleinkinder. Zu Beginn sollte sie wenig belegt sein, um dein Kind nicht zu überfordern. Später könnt ihr den Familienklassiker ganz individuell belegen und genießen!

Für 4 Portionen
Zubereitungszeit 20 Min.
Ruhen 1 Std.
Backen 15 Min.

¼ Würfel Hefe (10 g)
550 g Weizenmehl (Type 550) + mehr zum Arbeiten
3 EL Öl
300 g passierte Tomaten
2 TL getrocknete italienische Kräuter
100 g gekochter Schinken
1 Glas Ananasstücke ohne Zucker (200 g Abtropfgewicht)
120 g geriebener Emmentaler

FÜR DIE GROSSEN:
Salz | Pfeffer

1 Für den Hefeteig 330 ml lauwarmes Wasser mit Hefe, Mehl und Öl mischen und mit den Knethaken des Handrührgeräts in ca. 2 Min. zu einem homogenen Teig verarbeiten. Den Teig zugedeckt an einem warmen Ort ca. 1 Std. ruhen lassen.

2 Inzwischen die passierten Tomaten in eine Schüssel geben und mit den getrockneten Kräutern würzen. Den Schinken in 2 cm große Stücke schneiden, die Ananas abgießen und in einem Sieb abtropfen lassen.

3 Den Backofen auf 230° (Umluft) vorheizen. Den Teig halbieren und jeweils auf einer bemehlten Arbeitsfläche auf die Größe eines Backblechs ausrollen. Jeweils auf ein mit Backpapier belegtes Blech geben.

4 Die erste Pizza mit passierten Tomaten, Schinken, Ananas und Käse belegen. Dann die passierten Tomaten mit Salz und Pfeffer würzig abschmecken und das zweite Blech für die Erwachsenen ebenso belegen. Beide Pizzen gleichzeitig im heißen Ofen ca. 12–15 Min. backen.

5 Nach Ende der Backzeit die Pizzen herausnehmen und fürs Kind in 3 cm breite Streifen schneiden, sodass es sie gut greifen kann. Gut ausgekühlen lassen.

Blinis mit Kohlrabi-Möhren-Gemüse

Die Mühe lohnt sich – bereite den Teig irgendwann vormittags zu und genieße ein sehr leckeres, würziges Mittagessen als Familie. Die Würfelchen sind eine gute Greifübung, du kannst das Gemüse aber auch in Sticks schneiden.

Für 4 Portionen
Zubereitungszeit 40 Min.
Ruhen 40 Min.

2 Eier (M)
250 ml Milch
1 TL Trockenhefe
70 g Reismehl
70 g Buchweizenmehl
1 Kohlrabi | 6 Möhren
1 Bio-Zitrone
200 g Hüttenkäse
1 Bund Schnittlauch
4 EL Bratöl
1 TL gemahlene Kurkuma
1 TL edelsüßes Paprikapulver

FÜR DIE GROSSEN:
Salz | Pfeffer

1 Die Eier trennen. Die Milch in einem kleinen Topf handwarm erwärmen und mit Hefe, Eigelb, Reismehl und Buchweizenmehl mischen, den Teig ca. 40 Min. an einem warmen Ort gehen lassen (oder mind. 5 Std. im Kühlschrank gehen lassen).

2 Kohlrabi und Möhren putzen, schälen und in 0,5 cm große Würfel schneiden. Die Zitrone heiß waschen und abtrocknen, ½ TL Schale abreiben und 2 EL Saft auspressen. Beides in einer kleinen Schüssel unter den Hüttenkäse rühren. Den Schnittlauch waschen, trocken schütteln, fein hacken und ebenfalls unterrühren. In einer kleinen Pfanne 2 EL Öl erhitzen, das Gemüse darin ca. 15 Min. bei mittlerer Hitze dünsten. Kurz vor Ende der Garzeit mit Kurkuma und Paprikapulver würzen. Eine Portion für das Kind entnehmen, den Rest salzen und pfeffern.

3 Das Eiweiß mit den Schneebesen des Handrührgeräts steif schlagen, vorsichtig unten den Hefeteig heben. In einer großen Pfanne ½ TL Öl erhitzen. Je ½ Schöpfkelle Teig in die Pfanne geben und die Blinis bei mittlerer Hitze backen, bis der Teig Blasen bildet. Wenden, kurz weiterbacken und herausnehmen. Mit dem restlichen Teig ebenso verfahren. Die Blinis mit dem Möhren-Kohlrabi-Gemüse und Dip servieren.

Veggie-Frikadellen

Ein Klassiker mal anders. Diese Frikadellen aus Haferflocken sind saftig und eine deftige Alternative zu den bekannten Hackbällchen.

Für 4 Personen
Zubereitungszeit 35 Min.

1 kleine rote Zwiebel
200 g zarte Haferflocken
1 Msp. geräuchertes Paprikapulver
250 ml Haferdrink
2 TL Senf
1 TL Tomatenmark
1 TL Chia-Samen
2 EL Bratöl

FÜR DIE GROSSEN:
Salz | Pfeffer

1 Die Zwiebel schälen und in Stücke schneiden. Zwiebel mit Haferflocken, Paprikapulver, Haferdrink, Senf und Tomatenmark in eine Hochleistungsmixer geben und alles zu einer noch leicht stückigen, sehr klebrigen Masse pürieren. Die Chia-Samen dazugeben und alles ca. 5 Min. quellen lassen.

2 Das Öl in einer großen Pfanne erhitzen. Jeweils 1 EL der Masse abnehmen und mit feuchten Händen zu insgesamt 12 Frikadellen formen. Zunächst 2 Frikadellen fürs Kind formen, dann die Masse mit Salz und Pfeffer abschmecken. Die Frikadellen bei mittlerer Hitze 5 Min. anbraten, wenden und noch ca. 4 Min. weiterbraten. Herausnehmen und die Frikadellen mit z.B. mit Brokkoli-Kartoffel-Püree servieren.

One-Sheet-Couscousauflauf

Für 4 Portionen
Zubereitungszeit 10 Min.
Backen 30 Min.

130 g Couscous
250 ml Gemüsebrühe
450 g TK-Gemüse italienischer Art
150 g Schafskäse (Feta)

AUSSERDEM:
1 Auflaufform (30 × 20 cm)

1 Den Backofen auf 180° vorheizen. In einer flachen Auflaufform das Couscous flächig ausstreuen. Mit Gemüsebrühe vorsichtig aufgießen, dann das TK-Gemüse darüber verteilen. Den Feta mit den Händen zerbröseln und darüber verteilen. Alles im heißen Ofen (Mitte) 25–30 Min. backen.

2 Den Auflauf herausnehmen und vor dem Servieren gut abkühlen lassen. Die Portion für das Kind auch auf dem Teller nochmal gut abkühlen lassen.

Hackbraten mit Ofengemüse

Der Klassiker aus Omas Küche – perfekt, um Fleisch in die Kinderkost einzubauen. Der moderne Dip gibt dem Gericht neuen Pfiff, aber auch mit Bratensauce und Klößen schmeckt der Hackbraten richtig toll!

Für 4 Portionen
Zubereitungszeit 25 Min.
Backen 35 Min.

1 Brötchen vom Vortag
1 kg Wurzelgemüse (z. B. Rote Bete, Petersilienwurzel, Möhre)
2 EL Olivenöl
2 TL edelsüßes Paprikapulver | Salz
1 Ei (M)
500 g gemischtes Hackfleisch
1 Knoblauchzehe
150 g Joghurt
1 EL Mayonnaise

FÜR DIE GROSSEN:
Pfeffer

1 Das Brötchen in einer kleinen Schale mit Wasser übergießen und komplett einweichen. Inzwischen das Gemüse putzen, schälen und in 5 cm lange und 1 cm dicke Stifte schneiden. In einer Schüssel mit Olivenöl, 1 TL Paprikapulver sowie 1 Msp. Salz mischen. Auf einem großen Backblech verteilen, dabei die Mitte freilassen.

2 Den Backofen auf 180° vorheizen. Das Brötchen sehr gut ausdrücken, dann mit dem Ei, dem Hackfleisch sowie 1 Prise Salz in einer Schüssel gut verkneten. In der Mitte des Backblechs zu einem ovalen Hackbraten (ca. 22 × 6 cm) formen. Das Blech in den Ofen (Mitte) schieben und alles ca. 35 Min. backen.

3 Inzwischen für den Dip den Knoblauch schälen und pressen. Joghurt mit Mayonnaise, dem restlichen TL Paprikapulver sowie dem Knoblauch mischen. Die Dip-Portion für die Großen kräftig mit Salz und Pfeffer würzen.

Bulgurschnitten mit Kräuterquark

Ein buntes Sommergericht, das Farbe auf den Teller zaubert. Du kannst es super vorbereiten, da die Schnitten auch kalt richtig gut schmecken.

Für 4 Portionen
Zubereitungszeit 30 Min.
Backen 20 Min.

300 g Bulgur
500 ml Gemüsebrühe
100 g Parmesan
500 g bunte Kirschtomaten
2 EL Balsamicocreme
2 EL Olivenöl
1 Bund Gartenkräuter
1 Knoblauchzehe
400 g Magerquark
70 ml kohlensäurehaltiges Mineralwasser
1 TL Tomatenmark

FÜR DIE GROSSEN:
Salz | Pfeffer

1 Den Bulgur mit Gemüsebrühe in einen Topf geben, einmal aufkochen und zugedeckt ca. 10 Min. bei kleiner Hitze quellen lassen. Inzwischen den Parmesan reiben.

2 Die Tomaten waschen, halbieren und mit Balsamicocreme und Olivenöl mischen. Für den Quark die Kräuter waschen, trocken schütteln, Blättchen und feine Stiele abzupfen und fein hacken. Den Knoblauch schälen und durchpressen. Knoblauch, Kräuter, Quark und Mineralwasser glatt rühren.

3 Den Backofen auf 180° vorheizen. Den Bulgur mit Tomatenmark und Parmesan mischen und kompakt 1 cm hoch und 30 × 30 cm groß auf ein mit Backpapier belegtes Blech drücken. Dazu am besten eine Palette verwenden. Dann ca. 20 Min. im heißen Ofen (Mitte) backen. Anschließend herausnehmen und den Bulgur ca. 5 Min. ruhen lassen, in Quadrate schneiden und mit Quark und Tomatensalat servieren. Für die Großen den Quark und Tomatensalat mit Salz und Pfeffer würzen.

FÜR FESTERE SCHNITTEN:

Die Schnitten sind nicht ganz fest. Je mehr Käse du zugibst, desto stabiler werden sie.

One-Pot-Mac'n'Cheese

Für 4 Portionen
Zubereitungszeit 20 Min.

800 ml Milch
300 g Makkaroni
1 EL Butter
150 g Cheddar
1 großer Zucchino
2 Knoblauchzehen
2 EL Olivenöl

FÜR DIE GROSSEN:
Salz
Pfeffer

1 Die Milch, die Pasta und die Butter in einen großen Topf füllen und zugedeckt einmal aufkochen, dann bei kleiner Hitze 5 Min. garen, dabei ab und zu umrühren. Anschließend den Deckel abnehmen und noch ca. 5 Min offen köcheln lassen, bis die Pasta gar ist. Den Käse reiben und untermischen.

2 Den Zucchino waschen, der Länge nach halbieren und in feine Scheibchen schneiden. Den Knoblauch schälen und in hauchfeine Scheibchen schneiden. Das Öl in einer großen Pfanne erhitzen und die Zucchinischeiben darin scharf anbraten, bis sie Farbe annehmen. Den Knoblauch zu den Zucchini geben und weitere 4 Min. braten.

3 Die Nudeln mit Zucchinischeiben als Topping servieren. Für die Großen mit Salz und Pfeffer würzen.

Pasta mit Brokkoli-Basilikum-Pesto

Für 4 Portionen
Zubereitungzeit 30 Min.

350 g Penne
600 g Brokkoli
1 Bund Basilikum
50 g Sonnenblumenkerne
3 EL Hefeflocken | Olivenöl

FÜR DIE GROSSEN:
Salz | Pfeffer

1 Die Nudeln in reichlich kochendem Wasser nach Packungsanleitung al dente garen. Den Brokkoli waschen, putzen und 300 g in 2–3 cm große Röschen teilen, den Rest als Kopf zusammenlassen. Beides die letzten ca. 6 Min. zu den Nudeln geben.

2 Den Brokkolikopf aus dem Kochenwasser heben. Das Kochwasser abgießen, dabei 100 ml zurückbehalten. Den Brokkoli grob zerhacken und in einen Mixer geben. Das Basilikum waschen, trocken schütteln und die Blättchen abzupfen, dann mit Sonnenblumenkernen und Hefeflocken in den Mixer geben. Alles mit etwas Kochwasser cremig pürieren. Pasta, Brokkoliröschen, Pesto und Olivenöl mischen. Die Kinderportionen abnehmen, den Rest für die Großen kräftig salzen und pfeffern.

Gefüllte Tomaten mit Reis

Für 4 Personen
Zubereitungszeit 45 Min.
Backen 12 Min.

1 große Zwiebel
2 Knoblauchzehen
1 mittelgroße Aubergine
3 EL Olivenöl
300 g Hähnchenbrustfilet
150 g Reis
8 Fleischtomaten
40 g geriebener Käse
2 TL getrockneter Oregano

FÜR DIE GROSSEN:
Salz | Pfeffer

AUSSERDEM:
1 mittelgroße Auflaufform

1 Die Zwiebel und den Knoblauch schälen und fein würfeln. Die Aubergine waschen, putzen und 1,5 cm groß würfeln. 2 EL Öl in einer Pfanne erhitzen und die Aubergine darin bei großer Hitze ca. 4 Min. rundherum anbraten, nach ca. 2 Min. Zwiebel und Knoblauch dazugeben. Alles in eine große Schüssel geben.

2 Das Fleisch ca. 1,5 cm groß würfeln. Das restliche Öl in die Pfanne geben und das Fleisch darin ca. 4 Min. rundherum scharf anbraten, dann in die Schüssel geben. Den Ofen auf 200° vorheizen. Den Reis in einem Sieb abspülen und nach Packungsanleitung zubereiten.

3 Die Tomaten waschen, oben einen ca. 1,5 cm dicken Deckel abschneiden. Die Deckel würfeln und bis auf den Strunkansatz in eine kleine Schüssel geben. Das Fruchtfleisch vorsichtig mit einem Löffel aus den Tomaten lösen und klein würfeln, dann zur Zwiebel-Hackfleisch-Masse in die große Schüssel geben. 20 g Käse und den Oregano untermischen.

4 Die Tomaten in die Auflaufform setzen, 1–2 Tomaten mit der Auberginen-Fleisch-Füllung füllen. Die restliche Masse sehr würzig mit Salz und Pfeffer abschmecken und die restlichen Tomaten damit füllen. Alle mit dem restlichen Käse bestreuen. Übrige Füllung und Tomatenwürfel in die Zwischenräume geben. Alles im heißen Ofen (Mitte) ca. 12 Min. backen, dann aus dem Ofen nehmen, ausreichend abkühlen lassen und mit Reis servieren. Achtung: Die Füllung speichert lange die Hitze.

Bunte Schupfnudelpfanne

Wir lieben Gerichte, die wandelbar sind, so wie dieses One-Pan-Gericht. Nach Saison und Geschmack können die Gemüsesorten beliebig ausgetauscht und statt mit Schupfnudeln auch mit Gnocchi aus dem Kühlregal ergänzt werden.

Für 4 Personen
Zubereitungszeit 30 Min.

1 Zwiebel
2 bunte Paprika
250 g Champignons
400 g Wiener Würstchen (ersatzweise vegane Alternative)
1 EL Bratöl
1 kg Schupfnudeln (Fertigprodukt)
2 TL Tomatenmark
1 TL edelsüßes Paprikapulver
200 ml Sahne (ersatzweise Hafersahne)

FÜR DIE GROSSEN:
Salz | Pfeffer

1 Die Zwiebel schälen und fein würfeln. Die Paprika waschen, putzen, halbieren, von Kernen und weißen Trennhäuten befreien. Das Fruchtfleisch in feine Streifen schneiden. Die Champignons mit einem Küchentuch abreiben, putzen und je nach Größe vierteln oder achteln. Die Würstchen längs halbieren und in Stücke schneiden.

2 Das Öl in einer großen hohen Pfanne erhitzen, die Schupfnudeln darin unter gelegentlichem Rühren ca. 6 Min. bei großer Hitze anbraten. Zwiebel, Paprika, Champignons, Würstchen, Tomatenmark und Paprikapulver dazugeben und alles unter Rühren weitere 8 Min. braten. Dann alles mit Sahne ablöschen, eine kleine Portion fürs Kind abnehmen. Den Rest mit Salz und Pfeffer abschmecken und noch ca. 5 Min. ziehen lassen.

FÜR DEN ANFANG:

Für noch ungeübtere Kinder können die Schupfnudeln längs halbiert werden, damit sie damit sicherer umgehen und sie besser im Mund zerkleinern können. Auch die Würstchenstücke bieten wir jüngeren Kindern nur längs halbiert an, da dadurch die Gefahr des Verschluckens und Erstickens minimiert ist.

Gelbes Linsendal mit Fenchel

Hülsenfrüchte wie Linsen sind tolle pflanzliche Eisen- und Eiweißquellen, die in verschiedenen Gerichten genutzt werden können. Auch rote Linsen sind für dieses Rezept geeignet.

Für 4 Personen
Zubereitungszeit 30 Min.

- 1 Zwiebel
- 1 Stück frischer Ingwer (1 cm)
- 1–2 Knoblauchzehen
- 1 Bio-Zitrone
- 150 g Zucchini
- 200 g Tomaten
- 250 g gelbe Linsen
- 3 EL Kokosöl
- ½ TL gemahlene Kurkuma
- ½ TL gemahlener Koriander
- ½ TL gemahlener Kreuzkümmel
- ½ TL Ceylon-Zimtpulver
- ½ TL mildes Currypulver
- 400 g Kokosmilch
- 400 g Fenchel

1 Zwiebel, Knoblauch und Ingwer schälen und fein würfeln. Die Zitrone heiß waschen und abtrocknen, Saft auspressen und Schale abreiben. Zucchini waschen und putzen, dann fein reiben. Die Tomaten waschen, halbieren und den Strunk herausschneiden. Das Fruchtfleisch ca. 1 cm groß würfeln. Die Linsen in einem Sieb abspülen und abtropfen lassen.

2 2 EL Kokosöl in einem großen Topf erhitzen, Zwiebel, Knoblauch und Ingwer darin ca. 4 Min. unter Rühren bei mittlerer Hitze anbraten. Die Gewürze darüberstäuben, die Linsen zugeben und ca. 3 Min. mit anschwitzen. Kokosmilch, 1 EL Zitronensaft und 50 ml Wasser dazugeben, alles einmal aufkochen und dann für ca. 15 min. abgedeckt sanft köcheln lassen.

3 Inzwischen den Fenchel waschen, putzen, längs halbieren und den Strunk entfernen. Den Fenchel in ca. 0,8 cm breite Halbringe schneiden. Den restlichen EL Kokosöl in einer Pfanne erhitzen, den Fenchel darin ca. 2 Min. bei großer Hitze unter Rühren anbraten. Mit einem großen Schuss Wasser ablöschen, abgedeckt bei kleiner Hitze in ca. 6 Min. weich garen. Wenn die Flüssigkeit komplett verkocht ist, 1 EL Zitronensaft und 1 TL -abrieb zugeben. Das Dal ausreichend abkühlen lassen, dann mit Fenchel servieren. Die Erwachsenenportion salzen.

Mangoldlasagne

Für 4 Personen
Zubereitungszeit 25 Min.
Ruhen 5 Min.
Backen 25 Min.

4 Knoblauchzehen
1 große Zwiebel
300 g Mangold (ersatzweise Blattspinat)
2 EL Olivenöl
frisch geriebene Muskatnuss
Salz | Pfeffer
400 g passierte Tomaten
300 g Zucchini
1 TL Gemüsebrühpulver
2 EL Mandelmus (ersatzweise Cashewmus)
9 Lasagneplatten
125 g Reibekäse (ersatzweise veganer Reibekäse)

AUSSERDEM:
1 Auflaufform (26 × 20 cm)

1 Knoblauch und Zwiebel schälen und fein würfeln, jeweils 1 TL beiseitestellen.

2 Den Mangold putzen, waschen und fein hacken. Das Öl in einer großen hohen Pfanne erhitzen und Zwiebel, Knoblauch und Mangold darin bei mittlerer Hitze ca. 8 Min. anbraten. Mit Muskatnuss, wenig Salz und Pfeffer würzen. Mit den Tomaten ablöschen und einmal aufkochen, dann bei kleiner Hitze ca. 5 Min. sanft köcheln lassen. Vom Herd nehmen.

3 Den Backofen auf 180° vorheizen. Die Zucchini putzen, waschen und 1 cm groß würfeln. Mit Gemüsebrühpulver, Mandelmus, den restlichen Knoblauch- und Zwiebelwürfeln und 50 ml Wasser in einen hohen Mixbecher geben und zu einer cremigen Sauce pürieren. Etwas salzen.

4 Zum Schichten 4 gehäufte EL Zucchinisauce in die Auflaufform füllen und glatt streichen. 3 Lasagneplatten darauflegen, die Hälfte der Mangoldsauce einfüllen und glatt streichen. 3 Lasagneplatten darauflegen, wieder 4 gehäufte EL Zucchinisauce daraufgeben. Mit den restlichen Lasagneplatten, Mangold- und Zucchinisauce eine weitere Schicht einfüllen. Zuletzt den Reibekäse über die Lasagne streuen. Dann im heißen Ofen (Mitte) ca. 25 Min. backen. Aus dem Ofen nehmen und vor dem Anschneiden ca. 5 Min. ruhen lassen. Für die Großen kräftig mit Salz und Pfeffer würzen.

Dinkelpfanne mit Kohlrabi

Für 4 Portionen
Zubereitungszeit 35 Min.

1 Stange Lauch
2 EL Butter
250 g »Dinkel wie Reis«
750 ml Gemüsebrühe
450 g Kohlrabi
200 g Möhren
250 ml Milch
200 ml Sahne
250 g TK-Erbsen
1 EL Speisestärke

FÜR DIE GROSSEN:
Salz | Pfeffer

1 Den Lauch putzen, waschen und in Halbringe schneiden. 1 EL Butter in einem großen Topf erhitzen und den Lauch darin bei mittlerer bis starker Hitze ca. 5 Min. unter Rühren anbraten. Dann den Dinkel dazugeben und ca. 3 Min. mitrösten, dabei gelegentlich umrühren. Anschließend die Gemüsebrühe angießen und alles einmal aufkochen. Bei kleinster Hitze abgedeckt in ca. 20 Min. gar kochen.

2 Inzwischen den Kohlrabi und die Möhren schälen und in längliche Stifte (à ca. 2 × 5 cm) schneiden. Die restliche Butter in einer großen Pfanne erhitzen, Kohlrabi und Möhren darin ca. 5 Min. bei mittlerer Hitze anbraten. Milch und Sahne dazugeben und alles einmal aufkochen lassen. Inzwischen die Speisestärke in einer kleinen Schüssel mit 2 EL Wasser glatt rühren, in die Pfanne gießen und die Sauce ein wenig andicken lassen. Dann die Erbsen zugeben und alles ca. 4 Min. bei kleinster Hitze ziehen lassen. Den gegarten Dinkel in die Pfanne geben, alles vorsichtig mischen und servieren. Für die Großen bei Tisch mit Salz und Pfeffer abschmecken.

Paprikapolenta

Für 4 Portionen
Zubereitungszeit 35 Min.

1 Zwiebel | 1 Knoblauchzehe
½ Bund glatte Petersilie
2 Paprika | 2 EL Bratöl
250 g Polenta (Maisgrieß)
½ l Milch | 100 g Reibekäse
400 g Schweineschnitzel
1 TL Paprikapulver
Salz | Pfeffer

1 Zwiebel und Knoblauch schälen und fein würfeln. Petersilie waschen und trocken schütteln, abzupfen und fein hacken. Die Paprika waschen, halbieren, von Kernen und weißen Trennhäuten befreien. Fruchtfleisch in 1 cm große Würfel schneiden.

2 1 EL Öl in einem großen Topf erhitzen. Zwiebeln und Knoblauch anschwitzen, Polenta zugeben, Milch und 550 ml Wasser angießen. Einmal aufkochen, ca. 10 Min. sanft köcheln lassen, nach ca. 5 Min. die Paprika unterrühren. Nach Ende der Garzeit den Herd ausschalten, Käse unterrühren. Das Fleisch klein schneiden, im restlichen EL Öl scharf anbraten. Mit Paprikapulver würzen, unter die Polenta mischen. Vor dem Servieren eine Portion für das Kind entnehmen, den Rest salzen und pfeffern.

Kartoffel-Gemüse-Puffer

In der Beikostzeit war es uns wichtig, auf Fertigprodukte komplett zu verzichten. Wenn wir aber für etwas ältere Kinder kochen, machen wir es uns auch mal leicht und greifen auf Produkte aus dem Kühlregal zurück. Das spart in diesem Rezept das Schälen und Garen von Kartoffeln.

Für 32 Stück
Zubereitungszeit 45 Min.

275 g Möhren
100 g Knollensellerie
1 Zwiebel
1 Knoblauchzehe
750 g Kloßteig halb-halb (Kühlregal)
2 Eier (M)
40 g Reibekäse
1 TL mittelscharfer Senf
1 Msp. frisch geriebene Muskatnuss
4–6 EL Bratöl

FÜR DIE GROSSEN:
Salz
Pfeffer

1 Die Möhren und den Sellerie putzen, schälen und in grobe Stücke schneiden. Die Zwiebeln schälen und vierteln. Den Knoblauch schälen. Alles in einen Hochleistungsmixer geben und grobstückig zerkleinern (alternativ alles mit einer Vierkantreibe grob reiben). Das Gemüse mit dem Kloßteig in eine große Rührschüssel geben. Eier, Reibekäse, Senf und Muskatnuss dazugeben und mit den Knethaken des Handrührgeräts zu einem homogenen Teig vermischen.

2 Je 2 EL Öl in zwei großen Pfannen erhitzen, die Temperatur auf kleine bis mittlere Hitze reduzieren. Aus der Masse mit den Händen aus einer tischtennisballgroßen Menge Puffer (à 6 cm Ø) formen, in die heiße Pfanne legen und 6–7 Min. anbraten. Vorsichtig wenden, mit dem Pfannenwender leicht platt drücken und von der anderen Seite ebenfalls 6–7 Min. leicht braun anbraten. Sollten die Puffer zu braun werden, die Hitze reduzieren, damit sie innen garen können. Die fertigen Puffer auf einem großen Teller auf Küchenpapier entfetten. Mit dem übrigen Teig ebenso verfahren. Wenn genügend Puffer für die Kleinen gebacken sind, den Teig für die Großen abschmecken.

Blumenkohl-»Fish«-and-Chips

Auf wundersame Weise entsteht hier durch die Kombination der Zutaten ein leichter Fisch-Geschmack – auch wenn es vegetarisch bleibt. Die Nuggets begeistern Kinder und lassen sich super auch auf Vorrat backen.

Für 4 Portionen
Zubereitungszeit 45 Min.

1 Zwiebel | 2 Knoblauchzehen

1 große Stange Lauch

4 EL Olivenöl

1 Blumenkohl (ca. 750 g)

2 Eier (M)

100 g Vollkornsemmelbrösel (ersatzweise gemahlene Mandeln)

120 g Crème fraîche

Salz

800 g festkochende Kartoffeln

1 TL edelsüßes Paprikapulver

FÜR DIE GROSSEN:

Pfeffer

1 Zwiebel und Knoblauch schälen, sehr fein würfeln. Lauch putzen, waschen, der Länge nach vierteln und fein schneiden. 1 EL Öl in einer Pfanne erhitzen, alles darin ca. 5 Min. anbraten.

2 Den Blumenkohl waschen, putzen und in grobe Röschen teilen. In einem Hochleistungsmixer pulsierend grob mixen. Blumenkohl mit Zwiebeln, Knoblauch, Lauch, Eiern, Semmelbröseln und Crème fraîche in einer großen Schüssel mischen.

3 Den Backofen auf 190° (Umluft) vorheizen. Mit angefeuchteten Händen aus der Blumenkohlmasse Nuggets formen, diese auf ein mit Backpapier belegtes Blech legen. Nach der Hälfte die Masse mit Salz und Pfeffer würzen.

4 Die Kartoffeln waschen, mit einer Gemüsebürste sauber bürsten und in 1 cm dicke Spalten schneiden. Mit den restlichen 3 EL Öl, Paprikapulver sowie etwas Salz würzen und auf einem zweiten Backblech verteilen. Beide Bleche in den heißen Ofen schieben und ca. 30 Min. backen.

5 Kartoffeln und Nuggets aus dem Ofen nehmen und noch kurz abkühlen lassen. Dazu passt Erbsenpüree.

1
2
3

Bunter Raclette-Auflauf

Raclette gehört zum Winter dazu – warum also nicht mal die Blitzvariante des beliebten Gerichtes zubereiten und einfach alles in eine Auflaufform füllen? Besonders für Kleinkinder, die die Pfännchen noch nicht selbst bedienen können, ist das eine tolle Alternative.

Für 4 Portionen
Zubereitungszeit 40 Min.
Backen 30 Min.

- 1 kg festkochende Kartoffeln
- 200 g Crème fraîche
- 50 ml Gemüsebrühe
- 1 Knoblauchzehe
- 400 g TK-Buttergemüse (aufgetaut)
- 200 g Raclettekäse in Scheiben

AUSSERDEM:
Auflaufform (20 × 30 cm)

1 Die Kartoffeln gut waschen und in einem Topf mit Wasser bedecken, aufkochen und mit Deckel in ca. 30 Min. gar kochen.

2 Inzwischen die Crème fraîche in einem Schüsselchen mit der Gemüsebrühe glatt rühren. Den Knoblauch schälen, dazupressen und unterrühren.

3 Den Backofen auf 180° vorheizen. Die Kartoffeln abgießen und nach Belieben pellen. Dann in grobe Stücke schneiden und in eine große Auflaufform geben. Das Buttergemüse darüber verteilen, die Knoblauchcreme darübergießen und alles mit Raclettescheiben bedecken. Den Auflauf ca. 30 Min. backen.

4 Herausnehmen und vor dem Servieren noch kurz ziehen lassen. Die Portion für das Kind vor dem Servieren gut abkühlen lassen, denn Kartoffeln speichern Hitze sehr lange.

UNSER MEAL-PREP-TIPP:

Die Pellkartoffeln am besten am Vortag zubereiten, das spart Zeit beim schnellen Mittagessen. Optimalerweise machst du gleich die doppelte Menge und nutzt sie an Tag 1 direkt für einen Kartoffelsalat. Am nächsten Tag machst du den Auflauf.

Pizzasuppe

Diese Suppe lässt sich auch gut in großen Mengen vorbereiten und am nächsten Tag für die Familienfeiern aufwärmen. Sie kann auch problemlos vegan zubereitet werden: Den Schinken durch gewürfelten Räuchertofu und den Frischkäse durch eine vegane Alternative ersetzen.

Für 4 Personen
Zubereitungszeit 30 Min.

1 Zwiebel | 2 Knoblauchzehen
250 g Champignons
2 bunte Paprika
1 Glas Mais (Abtropfgewicht 230 g)
200 g gekochter Schinken
1 Bund Basilikum
2 EL Bratöl
800 g stückige Tomaten
200 ml Gemüsebrühe
200 g Frischkäse
2 TL TK-Italienische-Kräuter
Salz | Pfeffer

1 Die Zwiebel und den Knoblauch schälen und fein würfeln. Die Champignons mit einem Küchentuch abreiben, putzen und in Scheiben schneiden. Die Paprika waschen, halbieren, von Kernen und weißen Trennhäuten befreien. Das Fruchtfleisch in ca. 0,5 cm große Würfel schneiden. Den Mais in ein Sieb gießen und abtropfen lassen. Den Schinken in feine Streifen schneiden. Das Basilikum waschen und trockenschütteln. Die Blättchen abzupfen und fein hacken.

2 Das Öl in einem großen Topf erhitzen, Zwiebel und Knoblauch darin ca. 3 Min. bei starker Hitze anbraten. Paprika und Champignons dazugeben und unter Rühren ca. 4 Min. anbraten. Tomaten und Gemüsebrühe dazugeben und alles einmal aufkochen lassen. Dann Mais, Schinken, Basilikum und Kräuter unterrühren. Die Suppe ca. 5 Min. bei kleinster Hitze köcheln lassen.

3 Vor dem Servieren den Frischkäse in die Suppe geben und schmelzen lassen. Eine Portion für das Kind abnehmen, den Rest mit Salz und Pfeffer abschmecken.

Linsen-Süßkartoffel-Suppe

4 Portionen
Zubereitungszeit 40 Min.

1 Zwiebel
1 Knoblauchzehe
250 g Süßkartoffeln
150 g rote Linsen
2 EL Bratöl
1 TL mildes Currypulver
1 TL gemahlener Kreuzkümmel
400 ml Kokosmilch
Salz | Pfeffer

1 Zwiebel und Knoblauch schälen, fein würfeln. Die Süßkartoffeln schälen, grob würfeln. Die Linsen in einem Sieb abspülen.

2 Öl in einem Topf erhitzen. Zwiebel und Knoblauch kurz anschwitzen. Süßkartoffeln und Gewürze kurz mitschwitzen. Linsen, Kokosmilch und 500 ml Wasser dazugeben. Abgedeckt ca. 20 Min. köcheln lassen.

3 Wenn die Linsen gar sind, die Suppe fein pürieren und noch ca. 5 Min. ohne Deckel sanft köcheln lassen. Den Koriander waschen, trocken schütteln, ein paar Blättchen sehr fein hacken.

4 Eine Portion für das Kind entnehmen. Den Rest der Suppe mit Currypulver, Salz und Pfeffer abschmecken und servieren.

Linsen-Pilz-Burger mit Avocadocreme

Für 6 Burger
Zubereitungszeit 55 Min.
Backen 23 Min.

350 g mehligkochende Kartoffeln
250 g Kräuterseitlinge
2 EL Bratöl
1 EL Sojasauce
1 Dose Linsen (265 g Abtropfgewicht)
40 g Vollkornmehl
1 EL TK-Petersilie
½ TL getrocknetes Bohnenkraut
½ TL edelsüßes Paprikapulver
1 Msp. geräuchertes Paprikapulver
6 Burger-Buns
2 Avocados
1 TL Zitronensaft
2 EL Crème fraîche
1 große Tomate
Salz | Pfeffer

1 Die Kartoffeln schälen, grob würfeln und in einem kleinen Topf mit Wasser in ca. 12 Min. abgedeckt gar kochen. Inzwischen die Pilze putzen und 1 cm groß würfeln. 1 EL Öl in einer kleinen Pfanne erhitzen und die Pilze darin ca. 7 Min. anbraten, dabei gelegentlich rühren. Mit Sojasauce ablöschen. Die Linsen in ein Sieb abgießen, kalt abspülen und sehr gut abtropfen lassen.

2 Die gegarten Kartoffeln in einem Sieb gut abtropfen lassen. Zurück in den Topf geben und fein stampfen. Linsen, Pilze, Mehl und Gewürze dazugeben und alles gründlich vermischen.

3 Den Ofen auf 200° vorheizen. Ein Blech mit Backpapier auslegen. Von der Kartoffelmasse mit angefeuchteten Händen eine tennisballgroße Menge abnehmen und zu einem Patty (8 cm Ø) formen. 1–2 Kinderpatties formen, die restliche Masse sehr kräftig mit Salz und Pfeffer abschmecken. Die Patties auf dem Blech im heißen Ofen (Mitte) ca. 23 Min. backen, nach ca. 15 Min. wenden. Die letzten 2 Min. die Brötchen mitbacken.

4 Die Avocados halbieren, entsteinen und das Fruchtfleisch mit einem Esslöffel herauslösen. Das Fruchtfleisch in einer Schüssel mit einer Gabel mit Zitronensaft und Crème fraîche zerdrücken. Die Tomate waschen und in Scheiben schneiden.

5 Die Brötchen aufschneiden, die unteren Hälften mit Avocadocreme bestreichen. Je ein Pattie und eine Tomatenscheibe darauflegen, die obere Brötchenhälfte darauflegen.

Take a bite...

DIE PASSEN ZU ALLEM

4 x leckere Saucen

1

Für 4 Personen
Zubereitungszeit 20 Min.

1 Zwiebel
1 Knoblauchzehe
3 EL Bratöl
2 EL Tomatenmark
30 g Mehl
2 EL Sojasauce

FÜR DIE GROSSEN:
Salz | Pfeffer

BRAUNE SAUCE

1 Zwiebel und Knoblauch schälen und fein würfeln. Das Öl in einem kleinen Topf erhitzen, Zwiebel und Knoblauch darin bei mittlerer Hitze ca. 5 Min. anbraten. Das Tomatenmark dazugeben und kurz mit anbraten. Das Mehl darüberstäuben und unter Rühren in ca. 5 Min. leicht anbräunen. 600 ml Wasser abmessen. Die Mehlschwitze mit einem Schuss Wasser ablöschen und unter Rühren etwas eindicken lassen.

2 Dann nach und nach das komplette Wasser hinzufügen. Alles einmal aufkochen und ca. 5 Min. sanft köcheln lassen. Sojasauce zugeben. Eine Portion für die Kleinen abnehmen, den Rest mit Salz und Pfeffer würzen. Nach Belieben fein pürieren.

Passt zu: Pilzen, Hackbraten, Wild, Kartoffelbrei

2

Für 4 Personen
Zubereitungszeit 10 Min.

1 Möhre
2 getrocknete Aprikosen
200 g Frischkäse
2 TL Gemüsebrühpulver
1 TL mildes Currypulver
½ TL gemahlene Kurkuma

FÜR DIE GROSSEN:
Salz
Pfeffer

FRISCHKÄSESAUCE

1 Die Möhre schälen, putzen und fein reiben. Die Aprikosen sehr fein würfeln. Alle Zutaten in einen kleinen Topf geben, 50 ml Wasser dazugeben und alles ca. 5 Min. sanft köcheln lassen. Eine Portion Sauce für die Kleinen abnehmen, den Rest für die Großen mit Salz und Pfeffer würzen.

Passt zu: Pasta, Reis und gegartem Gemüse. Lachsstücke, Garnelen oder Gemüse können mit einem Spritzer frischem Zitronensaft darin gegart werden.

3

Für 4 Personen
Zubereitungszeit 10 Min.

1 Bio-Zitrone
4 EL Nussmus
500 ml Sojadrink
2 EL süßen Senf
1 EL TK-Dill
1 TL gemahlene Kurkuma

FÜR DIE GROSSEN:
Salz | Pfeffer

SENFSAUCE

1 Die Zitrone heiß waschen und abtrocknen. 1 TL Schale abreiben, den Saft von ½ Zitrone auspressen. Nussmus und Sojadrink in einen kleinen Topf geben und bei mittlerer Hitze zu einer homogenen Sauce rühren. Senf, Zitronensaft und -schale, Dill und Kurkuma unterrühren. Eine Portion Sauce für die Kleinen abnehmen, den Rest mit Salz und Pfeffer würzen.
Passt zu: Fisch, Kartoffeln und gekochten Eiern

4

Für 4 Personen
Zubereitungszeit 10 Min.

1 Zwiebel | Bratöl
500 g gegartes Gemüse (z. B. Hokkaido-Kürbis)
250 ml Sahne
1 Handvoll Kirschtomaten
1 TL getrocknete italienische Kräuter
Salz | Pfeffer | Chili

GEMÜSESAUCE

1 Die Zwiebel schälen, fein würfeln. Etwas Öl in einem Topf erhitzen, die Zwiebel glasig andünsten. Das Gemüse würfeln, dazugeben und ca. 5 Min. mitbraten. Mit der Sahne cremig pürieren, ca. 5 Min. köcheln lassen. Die Tomaten waschen und halbieren, mit den Kräutern unterrühren. Eine Portion für die Kleinen abnehmen, den Rest mit Salz, Pfeffer und Chili würzen.
Passt zu: Getreide wie Couscous, Hirse und Pasta

FÜR DIE BROTZEITBOX UND ZWISCHENDURCH

KLEINIGKEITEN

Kleine Kinder sind ständig in Bewegung – ihr Bedarf nach Nahrung also groß. Noch schafft es der kleine Magen nicht, mit drei Mahlzeiten pro Tag auszukommen. Es sollte am besten bis zu fünfmal etwas zu essen angeboten werden. Die Ideen in diesem Kapitel sind vielfältig: Sie passen zum kalten Abendbrottisch, lassen sich unterwegs mitnehmen, passen in die Brotdose für die Kita oder begeistern bei einem improvisierten Wohnzimmerpicknick. Sie können natürlich untereinander kombiniert werden.

FÜR DEN VORRAT

4 x tolle Dips

1

Für 2 Gläser (à 250 ml)
Zubereitungszeit 25 Min.

1 kleine Zwiebel
1 EL Bratöl
300 g passierte Tomaten
100 g Tomatenmark
2 EL Agavendicksaft (ersatzweise Ahornsirup)
2 EL Aceto balsamico
1 EL Apfelessig
½ TL Ceylon-Zimtpulver

FÜR DIE GROSSEN:
Salz | Pfeffer

KETCHUP

1 Die Zwiebel schälen und sehr fein würfeln. Das Öl in einem kleinen Topf erhitzen und die Zwiebel darin ca. 5 Min. bei mittlerer Hitze dünsten. Die restlichen Zutaten dazugeben und erwärmen. Unter gelegentlichem Rühren aufkochen lassen, dann auf kleinste Hitze reduzieren und in ca. 25 Min. sanft cremig einkochen lassen.

2 Einen Teil Ketchup in ein sauberes Schraubgläser füllen. Den Rest für die Großen salzen, pfeffern und in ein weiteres Glas füllen. Fest verschlossen lässt sich der Ketchup bis zu 3 Monaten, geöffnet bis zu 2 Wochen im Kühlschrank aufbewahren.

2

Für 4 Portionen
Zubereitungszeit 5 Min.

150 ml Sojadrink
1 EL Apfelessig
1 TL mittelscharfer Senf
150 ml neutrales Öl (z. B. Sonnenblumenöl)

FÜR DIE GROSSEN:
Salz

VEGANE MAYO

1 Den Sojadrink, Essig und Senf in einen hohen Mixbecher geben, mit dem Pürierstab ca. 1 Min. lang mixen. Währenddessen langsam und portionsweise das Öl dazugießen, sodass eine cremige Mayo entsteht. Eine Portion für das Kind entnehmen, den Rest mit Salz abschmecken. Direkt verzehren oder im Kühlschrank luftdicht verpackt bis zu 4 Tagen aufbewahren.

3

Für 1 Schraubglas (230 ml)
Zubereitungszeit 5 Min.

200 g Ofengemüse
2 EL Tahin (Sesampaste)
½ TL getrockneter Thymian
½ TL gemahlener Kreuzkümmel
¼ TL gemahlener Koriander
Salz | Pfeffer

GEMÜSEDIP

1 Das Ofengemüse in einen Hochleistungsmixer geben. Tahin, Kräuter und Gewürze dazugeben und alles zu einem cremigen Dip pürieren – nach Bedarf 20 ml Wasser dazugeben. Eine Portion für das Kind entnehmen, den Rest kräftig mit Salz und Pfeffer abschmecken.

Vorbereitung: Das Gemüse (z. B. Kürbis, Brokkoli, Paprika) im Ofen bei 200° in 15–20 Min. weich garen.

4

Für 2 Schraubgläser (à 230 ml)
Zubereitungszeit 25 Min.

300 g Spitzpaprika
1 Aubergine | 1 Zwiebel
2 EL Olivenöl
1 Knoblauchzehe
1 EL Tomatenmark
1 EL Apfelessig
100 g Schafskäse (Feta)
Salz | Pfeffer | Chili

PAPRIKA-FETA-CREME

1 Ofen auf 220° vorheizen. Paprika waschen, putzen, von Kernen und weißen Trennwänden befreien. Aubergine waschen, putzen, ca. 2 cm groß würfeln. Zwiebel schälen, vierteln. Alles mit Öl und ganzem Knoblauch auf einem mit Backpapier belegten Blech verteilen und im heißen Ofen (Mitte) ca. 20 Min. garen.
2 Die Paprika häuten, Knbolauch aus der Schale drücken. Alles in einem hohen Mixbecher mit Tomatenmarkt, Apfelessig pürieren. Den Feta zerbröseln und unterrühren. Eine Portion für das Kind abnehmen, den Rest mit Salz, Pfeffer und Chili würzen.

Bratling-Schlange mit Gurke

Das Rezept für Gemüseverweigerer. In unserem Beispiel mit Grünkernbratlingen – funktioniert aber mit jeder Art von Puffer. Die Schlange hübsch auf einem Brett serviert, überzeugt jede kleine Hand davon, großzügig zuzugreifen!

Für 4 Portionen
Zubereitungszeit 40 Min.

250 g feiner Grünkernschrot
1 Stange Lauch
2 EL Tomatenmark
1 EL Café-de-Paris-Gewürzmischung (ersatzweise Kräuter der Provence)
6 EL Bratöl
1 Salatgurke

1 Grünkernschrot in einem kleinen Topf mit 400 ml Wasser aufkochen, dann bei kleiner Hitze zugedeckt ca. 15 Min. garen, bis alles aufgesogen und eine klebrige Masse entstanden ist.

2 Inzwischen den Lauch putzen, waschen und der Länge nach sechsteln. In sehr feine Stücke schneiden. Grünkernschrot, Lauch, Tomatenmark und Würzmischung in einer Schüssel mischen und mit den Händen sehr gut durchkneten. Dann mit leicht angefeuchteten Händen 20 kleine Bratlinge (5 cm Ø) formen. Zwei Pfannen mit Öl erhitzen und die Bratlinge darin bei mittlerer Hitze von jeder Seite ca. 5 Min. ausbacken.

3 Inzwischen die Gurke waschen und in 1 cm dicke Scheiben schneiden, dabei das dünne Ende der Gurke als 4 cm langes Stück lassen. Auf einer Platte die Bratlinge und Gurkenscheiben hochkant aneinanderstellen, sodass eine Gurkenschlange entsteht. Das lange Gurkenende als Kopf nutzen und zwei kleine Augen ausschneiden, nach Belieben aus etwas Schale noch eine Schlangenzunge zurechtschneiden.

Summerroll Bowl

Dieses Gericht eignet sich auch für wählerische Kinder sehr gut. Alle Komponenten können vorbereitet und in kleinen Schüsseln auf dem Tisch angerichtet werden. So kann sich jedes Familienmitglied bei den Zutaten bedienen, die den eigenen Geschmack treffen, und sich eine eigene Bowl zusammenstellen.

Für 4 Portionen
Zubereitungszeit 30 Min.

300 g Naturtofu
2 EL Bratöl
1 kleine Zwiebel
1 Knoblauchzehe
250 g Mie-Nudeln
70 g Erdnussmus
200 ml Kokosmilch
1 EL Sojasauce
2 Avocados
2 Pfirsiche
½ Gurke
200 g Bio-Möhren

FÜR DIE GROSSEN:
1 Frühlingszwiebel
Salz

1 Den Tofu etwas abtupfen. 1 EL Öl in einer Pfanne erhitzen und den Tofu darin ca. 6 Min. rundherum bei mittlerer Hitze anbraten. Anschließend aus der Pfanne nehmen.

2 Zwiebel und Knoblauch schälen und fein würfeln. Frühlingszwiebel waschen, putzen und in feine Ringe schneiden. Die Mie-Nudeln nach Packungsanleitung in reichlich Wasser in ca. 6 Min. weich garen. Abgießen und abtropfen lassen.

3 Den restlichen EL Öl in der Pfanne erhitzen, Zwiebeln und Knoblauch darin ca. 4 Min. anbraten. Dann Erdnussmus, Kokosmilch und Sojasauce dazugeben und unter Rühren aufkochen. Bei kleiner Hitze in ca. 2 Min. andicken lassen.

4 Die Avocados halbieren und die Kerne entfernen, das Fruchtfleisch herauslösen und in Streifen schneiden. Pfirsiche, Gurke und Möhren waschen. Pfirsiche halbieren und entsteinen, das Fruchtfleisch in Spalten schneiden. Die Gurke putzen und klein würfeln, die Möhren putzen und fein raspeln.

5 Die Nudeln auf vier Schüsseln verteilen, mit Tofu, Gemüse und Obst toppen. Die Sauce darüberträufeln. Für die Großen mit Frühlingszwiebelringen bestreut servieren.

Blitzflammkuchen mit Spinat

Für 6 Stück
Zubereitungszeit 20 Min.
Backen 16 Min.

200 g Crème fraîche
1 Knoblauchzehe
frisch geriebene Muskatnuss
1 Birne
150 g Camembert
6 Vollkorn-Tortillas (Weizenfladen)
150 g TK-Spinat (aufgetaut)

FÜR DIE GROSSEN:
Salz | Pfeffer

1 Den Backofen auf 200° (Umluft) vorheizen. Die Crème fraîche in einer kleinen Schüssel glatt rühren. Den Knoblauch schälen und dazupressen, die Creme mit Muskatnuss würzen. Die Birne waschen, vierteln, entkernen und in dünne Spalten schneiden.

2 Den Camembert halbieren und in 0,5 cm dicke Scheiben schneiden, diese noch mal in 2 cm große Stücke schneiden. Von den 6 Tortillas 3 halbieren, sodass jeweils eine ganze und zwei halbe Tortillas auf ein Backblech passen. Jede Tortilla mit Crème fraîche bestreichen, mit Spinat, Birne und Camembert dünn belegen, auf mit Backpapier belegte Bleche legen. Beide Bleche gleichzeitig in den heißen Ofen (Mitte) ca. 8 Min. schieben. Dann die restlichen 2 Flammkuchen auch ca. 8 Min. backen.

3 Die Flammkuchen für das Kind gut abkühlen lassen. Die Flammkuchen für die Großen mit frisch gemahlenem Pfeffer und Salz servieren.

Quesadillas mit Möhren und Grillgemüse

Für 4 Portionen
Zubereitungszeit 30 Min.

220 g Möhren
100 g Bergkäse
1 Glas Grillgemüse in Öl (280 g Abtropfgewicht)
6 Tortillas (Weizenfladen)
150 g Frischkäse

1 Die Möhren putzen, schälen und grob reiben. Den Käse grob reiben. Das Grillgemüse in ein Sieb abgießen und abtropfen lassen. Jede Tortilla rundherum mit ca. 1 EL Frischkäse bestreichen. Dann je 1 EL Möhrenraspel und 1 EL geriebenen Käse auf einer Hälfte verteilen und ein bis zwei Stück Grillgemüse darauf geben, die Tortilla zuklappen.

2 Je 2 Tortillas bei mittlerer Hitze ca. 3 Min. pro Seite in einer Pfanne erhitzen, dann herausnehmen und dritteln. Gut ausgekühlt servieren – der Käse bleibt lange heiß.

Quarkschnecken mit Zucchini

Für ca. 18 Stück
Zubereitungszeit 30 Min.
Backen 30 Min.

200 g Magerquark (ersatzweise vegane Alternative)
150 ml Milch (ersatzweise Pflanzendrink)
150 ml neutrales Öl
500 g Mehl
2 TL Weinstein-Backpulver
400 g passierte Tomaten
2 TL getrockneter Oregano
1 Zucchino
100 g Reibekäse (ersatzweise vegane Alternative)

1 Quark, Milch, Öl, Mehl und Backpulver in einer hohen Schüssel mit den Knethaken des Handrührgeräts zu einem geschmeidigen Teig kneten. Kurz zur Seite stellen.

2 Die passierten Tomaten mit Oregano würzen. Den Zucchino waschen, putzen und auf der Vierkantreibe reiben. Den Backofen auf 180° (Umluft) vorheizen.

3 Den Quarkteig auf 40 × 25 cm Größe und ca. 1 cm dick ausrollen. Mit Tomatensauce bestreichen, Zucchiniraspel und Käse darauf verteilen. Den Teig von der langen Seite her aufrollen.

4 Die Teigrolle mit wenig Druck in 2 cm dicke Scheiben schneiden, diese mit etwas Abstand auf zwei mit Backpapier belegte Bleche legen. Gleichzeitig im heißen Ofen (Mitte) ca. 30 Min. backen. Herausnehmen und vor dem Servieren abkühlen lassen.

DRAUF, WAS SCHMECKT:

Die Schnecken sind nicht nur ein tolles Geburtstagsessen für viele kleine Gäste, sondern lassen sich je nach Vorliebe auch individuell belegen: mit Mais, Thunfisch, Räuchertofu oder eben genau der Zutat, die bei deinem Kind gerade hoch im Kurs steht.

Nudelsalat mit grünen Bohnen und Garnelen

Dieser Nudelsalat ist alles andere als klassisch – der leichte Asia-Touch kommt bei allen gut an. Die bunte Zusammenstellung macht Kinder neugierig, die einzelnen Bestandteile zu erkunden und zu probieren.

Für 4 Portionen
Zubereitungszeit 30 Min.

- 300 g Spirelli (ersatzweise andere kurze Nudeln)
- 250 g TK-Bohnen
- 250 g Kirschtomaten
- 1 EL Bratöl
- 250 g TK-Garnelen (aufgetaut)
- 1 EL Sojasauce
- 1 Bund Koriander
- 2 EL Sojaghurt
- 1 EL vegane Mayonnaise
- 1 TL mittelscharfer Senf
- 1 EL Essig
- 1 TL Ahornsirup

FÜR DIE GROSSEN:
Salz | Pfeffer

1 Die Nudeln in reichlich Wasser nach Packungsanleitung al dente kochen. Die TK-Bohnen ca. 6 Min. vor Kochzeitende der Nudeln dazugeben und mitgaren.

2 Inzwischen die Tomaten waschen, halbieren und in eine Schüssel geben. Das Öl in einer Pfanne erhitzen, die Garnelen darin bei großer Hitze scharf anbraten. Die Herdplatte ausschalten und mit Sojasauce ablöschen. Die noch warmen Garnelen zu den Tomaten in die Schüssel geben.

3 Den Koriander waschen und trockenschütteln, die Blättchen abzupfen und fein hacken. Für das Dressing Joghurt, Mayo, Senf, Essig und Ahornsirup mischen, den Koriander unterheben.

4 Die Nudeln und Bohnen abgießen und kurz abtropfen lassen. Alle Zutaten noch warm miteinander vermischen. Die Kinderportionen entnehmen, den Rest für die Großen mit Salz und Pfeffer abschmecken.

Gefüllte Käsepfannkuchen

Für 4 Personen
Zubereitungszeit 18 Min.
Backen 15 Min.

100 g Pastinaken (ersatzweise Möhren)
100 g Datteltomaten
50 g Butter
225 ml Milch
3 Eier (M)
200 g Mehl
50 g zarte Haferflocken
2 TL getrockneter Thymian
½ TL edelsüßes Paprikapulver
200 g Reibekäse (z. B. Emmentaler)
200 g Kräuterfrischkäse

FÜR DIE GROSSEN:
Salz | Pfeffer

1 Den Backofen auf 200° (Umluft) vorheizen, zwei Backbleche mit Backpapier auslegen. Die Pastinaken putzen, schälen und fein reiben. Die Tomaten waschen, putzen und fein würfeln.

2 Die Butter in einem kleinen Topf schmelzen, dann mit Milch und Eiern in einer Schüssel mit den Rührbesen des Handrührgeräts schaumig schlagen. Mehl, Haferflocken und Gewürze dazugeben und zügig verrühren. Die Pastinaken und den Käse untermischen, sodass ein leicht zähflüssiger Teig entsteht.

3 Den Teig auf die beiden Bleche gießen und im Ofen in ca. 15 Min. goldbraun backen. Herausnehmen, mit Backpapier auf ein Rost ziehen, stürzen und das Papier vorsichtig abziehen.

4 Den Pfannkuchen mit Frischkäse bestreichen, mit Tomaten bestreuen und von der langen Seite her aufrollen. Einen Pfannkuchen vor dem Aufrollen mit Salz und Pfeffer würzen. In ca. 3 cm breite Röllchen schneiden und servieren.

MIT MEHR INHALT:

Wer mag, belegt den Pfannkuchen vor dem Rollen mit gekochtem Schinken oder Gurken- und Tomatenscheiben, die Großen auch mit Räucherlachs. Ihr dürft kreativ werden – erlaubt ist, was schmeckt.

Gefüllte Gurken mit Süßkartoffelhummus

Kinder brauchen oft mehr als drei Hauptmahlzeiten am Tag und so lassen sich wertvolle Mikro- und Makronährsoffe auch gut in tägliche Snackmahlzeiten einbauen. Der Hummus ist eine wahre Nährstoffbombe.

Für 4 Personen
Zubereitungszeit 25 Min.

300 g Süßkartoffeln
4 EL Olivenöl
2 Gurken
1 Dose Cannellini-Bohnen (Abtropfgewicht 240 g)
50 g getrocknete Aprikosen (ungeschwefelt)
1 EL Tahin (Sesampaste; ersatzweise Nussmus)
1 TL getrockneter Thymian
½ TL edelsüßes Paprikapulver

FÜR DIE GROSSEN:

1 Msp. geräuchertes Paprikapulver
Salz

1 Den Ofen auf 220° vorheizen und ein Backblech mit Backpapier auslegen. Die Süßkartoffeln schälen, putzen und ca. 1,5 cm groß würfeln. Auf dem Blech verteilen, 2 EL Öl darüberträufeln und im heißen Ofen (Mitte) ca. 10 Min. garen.

2 Inzwischen die Gurken waschen, putzen und längs halbieren. Die Kerne vorsichtig mit einem Löffel auskratzen. Die Bohnen in ein Sieb geben, abspülen und abtropfen lassen. Mit dem restlichen Öl, den Aprikosen, Gewürzen, Süßkartoffeln und 50 ml Wasser in einem Hochleistungsmixer zu einer cremigen Masse pürieren.

3 Ein Viertel der Masse abnehmen und eine Gurkenhälfte damit füllen. Die restliche Masse mit geräuchertem Paprikapulver und Salz abschmecken und übrige Gurkenhälften damit füllen. Die Gurken in ca. 3 cm breite Stücke schneiden.

NO WASTE:

Die Menge an Hummus ist je nach Größe der Gurken zu viel. Er schmeckt auch am nächsten Tag als Dip.

Knusprige Hähnchennuggets

Für 18 Stück
Zubereitungszeit 28 Min.
Backen 12 Min.

75 g Mehl

1 TL edelsüßes Paprikapulver

50 g Knabberbrezeln ohne Streusalz (ersatzweise 100 g ungesüßte Cornflakes)

1 Ei (M)

300 g Hähnchenbrustfilet

4 EL Bratöl

1 Das Mehl in einem tiefen Teller mit Paprikapulver mischen. Die Brezeln in einem Hochleistungsmixer sehr fein zerkleinern (oder die Cornflakes in einen Gefrierbeutel geben und mit einem Nudelholz fein zerkleinern). Das Brezelmehl in einen zweiten Teller geben. Das Ei in einen dritten Teller aufschlagen und mit einer Gabel leicht schaumig rühren.

2 Das Hähnchenbrustfilet abtupfen und in mundgerechte Stücke schneiden. Das Öl in einer großen Pfanne erhitzen und die Temperatur auf kleine bis mittlere Hitze reduzieren.

3 Die Fleischstückchen portionsweise mit leichtem Druck im Mehl wenden, überschüssiges Mehl leicht abklopfen. Die Stückchen dann im Ei und anschließend rundherum mit leichtem Druck in der Brezelpanade wenden. Die Nuggets im heißen Öl rundherum in ca. 12 Min. leicht knusprig anbraten. Herausnehmen und auf einem Teller auf Küchenpapier entfetten. Dazu passen selbst gemachte Dips wie Ketchup oder vegane Mayo.

Zucchini-Ricotta-Dreiecke

Fünf-Zutaten-Rezepte machen es dir in der Küche leicht. Außerdem lässt sich dieses Basisrezept super kombinieren, z. B. mit einer Paprika-Tomaten-Sauce oder einem leckeren Rohkostsalat.

Für 4 Portionen
Zubereitungszeit 15 Min.
Backen 35 Min.

400 g Zucchini
250 g Ricotta
2 Eier (M)
120 g Dinkelgrieß
frisch geriebene Muskatnuss

AUSSERDEM:
1 Auflaufform (25 × 30 cm)

1 Den Backofen auf 180° vorheizen. Die Zucchini waschen, putzen und grob reiben. In einer Schüssel mit Ricotta, Eiern, Dinkelgrieß und etwas Muskatnuss mischen.

2 Eine Auflaufform mit Backpapier auslegen, die Masse einfüllen und glatt streichen. Im heißen Ofen (Mitte) ca. 35 Min. backen, dann ca. 10 Min. abkühlen lassen. Die Masse mit dem Backpapier aus der Form heben und in Dreiecke schneiden.

FÜR DEN ANFANG:

Wenn dein Kind bisher wenig Erfahrung mit fester Nahrung hat, sind die Zucchini-Ricotta-Dreiecke als Stangen geschnitten das perfekte Einstiegsrezept: Sie können gut gegriffen werden, bröseln nicht auseinander und dein Kind kann sich daran nicht verschlucken. Die Dreiecke schmecken nicht nur mit Zucchini, sondern auch mit anderem geraspeltem Gemüse, z. B. mit Kürbis, Möhre oder Süßkartoffel.

Rote-Bete-Bratlinge

Für 8 Stück
Zubereitungszeit 25 Min.

400 g Rote Beten
180 g Schafskäse (Feta)
50 g zarte Haferflocken
½ TL Ceylon-Zimtpulver
½ TL gemahlener Kreuzkümmel
3 EL Bratöl

1 Die Roten Beten schälen, putzen und grob in eine Schüssel reiben. Den Feta mit den Händen dazubröseln, Haferflocken und Gewürze dazugeben und alles sehr gründlich verkneten. Dann mit den Händen je eine golfballgroße Menge abnehmen und zu Bratlingen (à 7 cm Ø) formen (alternativ die Menge für einen Bratling halbieren und als Stangen ausformen).

2 Das Öl in einer großen Pfanne erhitzen, die Bratlinge in die Pfanne geben und mit dem Pfannenwender leicht andrücken. Dann bei mittlerer Hitze von jeder Seite 4–5 Min. anbraten. Herausnehmen und auf Küchenpapier entfetten.

Bohnen-Melonen-Salat

Für 4 Personen
Zubereitungszeit 20 Min.

300 g Honigmelone
250 g Cantaloupe-Melone
1 Dose Riesenbohnen (Abtropfgewicht 250 g)
100 g Hirtenkäse
½ Bund Basilikum
1 TL Aceto Balsamico
1 EL Olivenöl | 1 EL Sesam
Salz | Pfeffer

1 Die Melonen halbieren und mit einem Esslöffel entkernen, dann schälen und das Fruchtfleisch ca. 1 cm groß würfeln (ersatzweise mit einem Melonenausstecher Kugeln ausstechen). Die Bohnen in einem Sieb abspülen und abtropfen lassen. Den Käse ca. 0,5 cm groß würfeln. Das Basilikum waschen und trocken schütteln, die Blättchen abzupfen und sehr fein hacken.

2 Essig und Öl mit 1 EL Wasser in ein Schraubglas geben. Gut verschließen und zu einem homogenen Dressing schütteln.

3 Melonenkugeln, Bohnen, Käse und Basilikum in eine Salatschüssel geben, das Dressing darübergießen. Den Sesam dazugeben und alles vorsichtig mischen. Eine Portion fürs Kind abnehmen, den Rest mit Salz und Pfeffer abschmecken.

Roggenmischbrot

Selbst Brot zu backen, ist viel leichter, als du vielleicht denkst. So kannst du den Salzgehalt selbst bestimmen – für Kleinkinder das Salz am besten komplett weglassen und mehr Auswahl beim Belag anbieten.

Für 1 Brot (16 Scheiben)
Zubereitungszeit 20 Min.
Ruhen 24 Std. + 2 Std.
Backen 35 Min.

240 g Roggenmehl
2 g Trockenhefe
250 g Weizenmehl (Type 550)
10 g Frischhefe
1 TL Brotgewürz
Salz (nach Belieben)

AUSSERDEM:
1 Kastenform (32 cm)

1 90 g Roggenmehl, 160 ml lauwarmes Wasser sowie Trockenhefe in einer Box mischen. Verschließen und ca. 24 Std. im Kühlschrank gehen lassen.

2 Am nächsten Tag die restlichen 150 g Roggenmehl, Weizenmehl, Hefe, 160 ml lauwarmes Wasser, das Brotgewürz und ca. 5 g Salz in einer großen Schüssel mit dem Vorteig mischen. Alles ca. 5 Min. kneten, dann abgedeckt ca. 1 Std. gehen lassen. Noch mal kurz durchkneten und in eine mit Backpapier ausgelegte Kastenform füllen. Noch mal ca. 1 Std. gehen lassen.

3 Den Backofen auf 240° vorheizen. Eine kleine feuerfeste Schüssel mit heißem Wasser füllen und auf den Boden des Backofens stellen. Das Brot in der Form auf einem Gitter im heißen Ofen (Mitte) ca. 15 Min. backen, dann die Temperatur auf 220° reduzieren und weitere 20 Min. backen. Die feuerfeste Form aus dem Ofen nehmen, sobald das Wasser verdampft ist. Das Brot herausnehmen und auf einem Kuchengitter auskühlen lassen.

BROTTEIG IST FLEXIBEL:

Lass dich nicht von den Gehzeiten abschrecken: Ob du den Teig 30 oder 50 Min. gehen lässt, ist völlig nebensächlich. Insgesamt die Gehzeit außerhalb des Kühlschranks auf ca. 4 Std. beschränken.

Kartoffel-Lachs-Salat

Für 4 Personen
Zubereitungszeit 40 Min.

1 kg festkochende Kartoffeln
400 g Brokkoli
200 g Pastinaken
420 g TK-Lachsfilet (aufgetaut)
2 EL Bratöl
½ TL gemahlene Kurkuma
1 EL Sojasauce

FÜR DAS DRESSING:
½ Bund Schnittlauch
1 geh. TL mittelscharfer Senf
75 g Mayonnaise
150 g Joghurt
2 TL Balsamicoessig

FÜR DIE GROSSEN:
Salz | Pfeffer

1 Die Kartoffeln waschen und ca. 2 cm groß würfeln. Den Brokkoli waschen, putzen und in daumengroße Röschen teilen. Den Strunk schälen und 2 cm groß würfeln. Die Pastinaken putzen, schälen und ca. 1 cm groß würfeln. Kartoffeln und Brokkoli in einen Topf geben, 3 cm hoch mit Wasser bedecken und mit Deckel zum Kochen bringen. In ca. 12 Min. gar kochen, dabei nach 6 Min. die Pastinaken dazugeben. Anschließend alles in ein Sieb abgießen und abtropfen lassen.

2 Den Lachs abtupfen und 1,5 cm groß würfeln. Das Öl in einer Pfanne erhitzen und den Lachs darin rundherum ca. 5 Min. anbraten – er sollte wirklich ganz durchgaren. Dann mit Kurkuma bestäuben und mit Sojasauce ablöschen.

3 Für das Dressing den Schnittlauch waschen, trockenschütteln und in feine Röllchen schneiden. Mit Senf, Mayonnaise, Joghurt und Essig in eine große Schüssel geben und mit einem Schneebesen verrühren. Gemüse und Lachs dazugeben und alles vorsichtig mischen. Eine Portion fürs Kind abnehmen, den Rest für die Großen würzig mit Salz und Pfeffer abschmecken. Der Salat schmeckt warm und kalt.

TRINKEN NICHT VERGESSEN!

4 × gute Getränke

1

Für 4 Portionen
Zubereitungszeit 5 Min.

1 Glas Ananas (zuckerfrei, 200 g Abtropfgewicht)
2 reife Bananen
300 ml Kokoswasser
100 g Baby-Blattspinat

FRÜHSTÜCKSSMOOTHIE

1 Die Ananas abgießen, dabei den Saft auffangen. Den Saft für eine andere Verwendung in den Kühlschrank stellen. Die Bananen schälen und grob zerbrechen. Ananasstücke, Bananenstücke und Kokoswasser in einen Hochleistungsmixer geben.

2 Den Spinat gut waschen und tropfnass dazugeben. Dann alles auf höchster Stufe ca. 30 Sek. pürieren. Den Smoothie sofort genießen oder bis zu 24 Std. im Kühlschrank aufbewahren.

Kleiner Tipp: Der Smoothie ist das perfekte Versteck für Nahrungsergänzungsmittel.

BEERENSMOOTHIE

1 Die Beeren waschen, verlesen und in einen Hochleistungsmixer geben. Die Banane schälen, grob zerbrechen und mit Kokosdrink und Cashewmus zugeben. Alles mind. 30 Sek. auf höchster Stufe mixen.

2 Den Smoothie sofort servieren oder bis zu 24 Std. im Kühlschrank aufbewahren.

2

Für 4 Portionen
Zubereitungszeit 5 Min.

300 g Beeren (z. B. Blaubeeren, Himbeeren und Brombeeren)
1 Banane
300 ml Kokosdrink (Kühlregal)
2 EL Cashewmus

3

Für 1 Liter
Zubereitungszeit 5 Min.

3 Zweige Minze
3 Zweige Zitronenmelisse
1 Bio-Zitrone
1 EL Birnendicksaft

SELBST GEMACHTER EISTEE

1 Die Minze und Zitronenmelisse waschen und trocken schütteln, in einen großen hitzebeständigen Krug geben. Die Zitrone heiß waschen, abtrocknen und in Scheiben schneiden. Zusammen mit dem Birnendicksaft in den Krug geben und mit 1 l kochendem Wasser auffüllen. Den Tee mind. 1 Std. ziehen lassen, dann nach Belieben mit Eiswürfeln servieren.

INFUSED WATER

1 Die Limette heiß waschen, abtrocknen und in Scheiben schneiden. Zusammen mit 1 l kaltem Wasser in einen Krug füllen. Die Himbeeren waschen und verlesen. 40 g Himbeeren in den Krug geben. Die restlichen Himbeeren zerdrücken und vorsichtig unterrühren.

2 Zum Servieren die Zitronenmelisse waschen, trocken schütteln und die Blättchen abzupfen. Die Blättchen auf Gläser verteilen, das Infused Water darübergießen und servieren.

4

Für 1 Liter
Zubereitungszeit 5 Min.

1 Bio-Limette
50 g Himbeeren
1 Stiel Zitronenmelisse

SCHMECKEN BEIM PICKNICK ODER UNTERWEGS

SNACKS

Ein leckerer Snack bewahrt dich vor so manchem Wutanfall und vielen Tränen. Warum? Weil ganz oft der abfallende Blutzuckerspiegel und der Hunger bei Kindern dafür sorgen, dass ihre Kooperationsbereitschaft am Ende ist. Während du noch satt vom Mittagessen bist, haben sie schon wieder einen leeren Magen. Lieblingssnacks haben sich bei uns total für Stimmungstiefs etabliert. Am besten mit allen teilen – die Portionen sind extra großzügig und lassen sich außerdem super tiefkühlen.

Avocado-Schoko-Muffins

Für 12 Stück
Zubereitungszeit 12 Min.
Backen 20 Min.

150 g Mehl
15 g Kakaopulver
2 TL Weinstein-Backpulver
50 g Rohrohrzucker
1 Avocado
150 ml Haferdrink
1 TL Apfelessig

AUSSERDEM:
12er-Muffinblech
12 Papier-Muffinförmchen

1 Den Backofen auf 160° vorheizen, die Papierförmchen in die Mulden des Muffinblechs legen.

2 Mehl, Kakao, Backpulver und Zucker in einer Schüssel mischen. Die Avocado halbieren und entsteinen. Das Fruchtfleisch mit einem Löffel auslösen und in einen hohen Mixbecher geben. Mit Haferdrink und Apfelessig cremig pürieren.

3 Die Avocadomilch zu den trockenen Zutaten geben und alles zügig zu einem zähen Teig vermischen. In die Mulden gießen und im Ofen (Mitte) ca. 20 Min. backen. Herausnehmen, abkühlen lassen und die Muffins aus den Mulden lösen.

Bananenbrot mit Kakao

Für 1 Brot (10 Stücke)
Zubereitungszeit 10 Min.
Backen 40 Min.

1 EL geschroteter Leinsamen
3 reife Bananen
150 g Apfelmark
2 EL neutrales Öl
250 g Mehl
1 Pck. Weinstein-Backpulver
½ TL Ceylon-Zimtpulver
2 EL Kakao

AUSSERDEM:
1 Kastenform (25 cm)

1 Die Leinsamen in einer kleinen Schale mit 3 EL heißem Wasser mischen und ca. 5 Min. ziehen lassen. Die Bananen schälen und in einer Schüssel mit einer Gabel sehr fein zerdrücken. Apfelmark und Öl untermischen. Mehl, Backpulver, Zimt und Kakao mischen, dann zusammen mit dem Leinsamengel zügig unter die feuchten Zutaten mischen.

2 Den Backofen auf 180° vorheizen. Die Backform mit Backpapier auslegen, den Teig einfüllen und direkt in den Ofen stellen, auch wenn dieser noch nicht komplett vorgeheizt ist. Den Teig ca. 40 Min. backen, dann die Stäbchenprobe machen: Mit einem Holzstäbchen ins Brot stechen, bleibt noch etwas Teig daran kleben, muss es noch ein paar Min. backen.

3 Anschließend herausnehmen. Das Brot in der Form etwas abkühlen lassen, dann auf ein Kuchengitter stürzen und vor dem Anschneiden komplett auskühlen lassen.

Frozen-Joghurt-Happen

Für 16 Stück
Zubereitungszeit 8 Min.
Tiefkühlen 1 Std.

125 g Haferflocken
125 g Cashewmus
½ TL gemahlene Bourbon-Vanille
30 g Reissirup
225 g Sojajoghurt
125 g Himbeeren
25 g vegane Zartbitter-Schokoladenraspel

1 Eine kleine Box (20 × 20 cm) mit Backpapier auslegen. Haferflocken, Cashewmus, Vanille und Reissirup in einem Hochleistungsmixer zu einer klebrigen Masse zerkleinern. In die Box geben, gleichmäßig verteilen und mit den Händen fest andrücken, sodass ein Boden entsteht.

2 Den Sojaghurt glatt rühren, auf der Haferflockenmasse verteilen. Die Himbeeren waschen, verlesen und obendrauf verteilen. Alles mit Schokoraspeln bestreuen und für ca. 1 Std. tiefkühlen.

3 Die Masse zum Servieren in 16 ca. 5 × 5 cm große Stücke brechen, für Kleinere noch etwas antauen lassen. Die Happen halten sich ca. 3 Monate im Tiefkühler.

Bunte Partysonne

Nicht nur optisch, auch geschmacklich ist die selbstgemachte Partysonne der Hit. Die kleinen Brötchen passen perfekt in die Faust deines Kindes und lassen sich so auch unterwegs super mitnehmen!

Für 1 Partysonne
(ca. 28 Brötchen)
Zubereitungszeit 20 Min.
Backen 30 Min.
Ruhen 1 Std. 10 Min.

300 ml Rote-Bete-Saft
300 ml Möhrensaft
1 Würfel Hefe (42 g)
1 kg Dinkelvollkornmehl
4 EL Olivenöl
1 TL Salz
2 EL Sesam
2 EL Sonnenblumenkerne
2 EL Kürbiskerne
2 EL Reibekäse

1 Die Saftsorten separat jeweils in einem kleinen Topf handwarm erhitzen. In zwei Schüsseln geben und mit je ½ Würfel Hefe, 500 g Mehl, 2 EL Öl sowie ½ TL Salz mit den Knethaken des Handrührgeräts zu einem homogenen Hefeteig verarbeiten. Die Teige abgedeckt an einem warmen Ort ca. 50 Min. ruhen lassen.

2 Aus jedem Teig 14 kleine Brötchen formen und dicht an dicht als Partysonne auf ein mit Backpapier belegtes Backblech setzen. Die Brötchen wahlweise mit Sesam, Sonnenblumenkernen, Kürbiskernen oder Käse bestreuen und etwas festdrücken. Die Brötchen weitere 20 Min. ruhen lassen.

3 Inzwischen den Backofen auf 180° vorheizen. Dann die Brötchen im heißen Ofen (Mitte) ca. 30 Min. backen. Herausnehmen und abkühlen lassen.

BUNTE BÄCKEREI:

Du kannst die Brötchen mit jeglicher Flüssigkeit zubereiten – mit Gemüsesaft in bunten Farben sehen sie besonders witzig aus. Wichtig ist nur, dass die Brötchen nach dem Formen noch mal gehen dürfen, sonst werden sie zu kompakt.

Blitzschnelle Frittata-Muffins

Für 6 Stück
Zubereitungszeit 12 Min.
Backen 20 Min.

170 g Kürbisfruchtfleisch
4 Eier (M)
65 ml Milch
½ TL Kräuter der Provence
1 EL Sesam

AUSSERDEM:
12er-Muffinblech
6 Papier-Muffinförmchen

1 Den Backofen auf 180° vorheizen. Den Kürbis in 0,5 cm große Würfel schneiden. Die Eier in einem Mixbecher mit Milch, Kräutern und Sesam verrühren. Sechs Muffinmulden mit Förmchen auslegen und großzügig mit Kürbiswürfeln befüllen. Die Eimischung darübergießen. Das Blech in den heißen Ofen (Mitte) schieben und die Frittatas in ca. 20 Min. goldbraun backen.

2 Herausnehmen und einige Min. in der Form abkühlen lassen. Dann herausheben und komplett abkühlen lassen.

BREIFREIBABY-TIPP:

Dies ist das ultimative Rezept, um Reste zu verwerten. Statt Kürbis kannst du allerlei anderes Gemüse nutzen, z. B. auch schon fertiges Ofengemüse. Du kannst Saaten, Kerne, Pesto, Saucen oder sehr fein geschnittenes Blattgemüse untermischen.

Blaubeerschnecken

Für 12 Stück
Zubereitungszeit 30 Min.
Backen 30 Min.
Ruheen 1 Std.

FÜR DEN TEIG:
250 ml Haferdrink
2 EL Apfelessig
60 g Margarine
650 g Dinkelmehl (Type 630)
¼ Würfel Hefe
130 g Apfelmark
Salz

FÜR DIE FÜLLUNG:
1 TL Ceylon-Zimtpulver
4 EL Kokosblütenzucker
60 g sehr weiche Margarine
125 g Blaubeeren

AUSSERDEM:
1 Backform (21 × 26 cm)

1 Für den Teig den Haferdrink in einem kleinen Topf mit dem Apfelessig mischen und die Margarine dazugeben. Alles langsam handwarm erwärmen, bis die Margarine geschmolzen ist, dann in einer großen Schüssel mit Mehl, Hefe, Apfelmark und 1 Prise Salz mischen. Alles mit den Knethaken des Handrührgeräts verarbeiten, den Teig abgedeckt mind. 1 Std. gehen lassen.

2 Den Backofen auf 190° vorheizen. Auf gut bemehlter Arbeitsfläche den Teig zügig 50 × 40 cm groß ausrollen. Zimt und Zucker mischen. Die Teigfläche mit der weichen Margarine einstreichen, Zimt-Zucker darauf verteilen. Die Blaubeeren waschen, verlesen und auf den Teig streuen. Diesen von der langen Seite aufrollen, in 5 cm dicke Schnecken schneiden. In die mit Backpapier ausgelegte Backform setzen und im heißen Ofen (Mitte) ca. 30 Min. backen. Herausnehmen und abkühlen lassen.

WENIGER ZUCKER:

Du selbst entscheidest, wann dein Kinder Zucker isst. Du kannst die Hälfte der Schnecken auch nur mit Zimt und Blaubeeren bestreuen und so auf den Zucker verzichten.

ABC

Blondies

Für 12 Stück
Zubereitungszeit 12 Min.
Backen 22 Min.

125 g Himbeeren
100 g Mehl
2 TL Weinstein-Backpulver
50 g gemahlene Mandeln
½ TL gemahlene Bourbon-Vanille
150 g Kürbispüree (frisch oder aus dem Glas)
100 g Nussmus
1 TL Apfelessig
50 ml Haferdrink
2 EL Rohrohrzucker
1 Auflaufform (21 × 26 cm)

1 Den Ofen auf 175° vorheizen. Die Auflaufform mit Backpapier auslegen. Die Himbeeren waschen und verlesen.

2 Mehl, Backpulver, Mandeln und Vanille in einer Schüssel mit einem Schneebesen vermischen. Kürbispüree, Nussmus, Apfelessig und Haferdrink in einer zweiten Schüssel gründlich vermischen, dann zu den trockenen Zutaten geben. Alles zügig zu einem klebrigen, zähen Teig verrühren, diesen in die Auflaufform geben. Mit einem leicht angefeuchteten Teigschaber gleichmäßig verteilen. Die Himbeeren darüberstreuen und leicht eindrücken. Den Zucker über drei Viertel des Teiges streuen.

3 Den Teig im heißen Ofen (Mitte) ca. 22 Min. backen, dabei evtl. nach 18 Min. abdecken, damit der Zucker nicht verbrennt. Dann die Blondies herausnehmen und kurz abkühlen lassen. Anschließend in 4 × 5 cm große Stücke schneiden und vor dem Servieren komplett auskühlen lassen.

Müsliriegel

Für 12 Stück
Zubereitungszeit 10 Min.
Backen 15 Min.

100 g zarte Haferflocken
75 g Mandeln
25 g Sonnenblumenkerne
25 g Kürbiskerne
20 g Sesam
1 Ei (M)
4 EL Apfelmark
½ TL Ceylon-Zimtpulver
1 EL Ahornsirup

1 Den Backofen auf 175° vorheizen. Haferflocken, Mandeln, Kerne und Sesam in einem Hochleistungsmixer zu feinem Mehl mahlen. Ei, Apfelmark, Zimt und Ahornsirup dazugeben, alles zu einem klebrigen Teig mischen.

2 Den Teig auf ein mit Backpapier belegtes Blech geben und mit einer feuchten Teigkarte und leichtem Druck zu einem ca. 18 × 21 cm großen Rechteck ausstreichen (alternativ mit einem weiteren Bogen Backpapier abdecken und vorsichtig mit einem Nudelholz ausrollen). Die Masse im heißen Ofen (Mitte) ca. 15 Min. backen. Aus dem Ofen nehmen, 15 Min. abkühlen lassen und in 3,5 × 9,5 cm große Riegel schneiden.

Rote-Bete-Kirsch-Eis

Für 6 Stück
Zubereitungszeit 5 Min.
Tiefkühlen 4 Std.

150 g Rote Beten (vorgegart, vakuumverpackt)

200 g Süßkirschen (entsteint, z. B. TK)

2 EL Haselnussmus (ersatzweise Cashewmus)

1 TL Vanillezucker

AUSSERDEM:

6 Eisförmchen (à 50 ml)

1 Die Roten Beten in grobe Stücke schneiden, dann mit Kirschen, Nussmus und Vanillezucker fein pürieren. Die Masse in Eisförmchen füllen und die Stiele fixieren. Im Tiefkühlfach min. 4 Std. tiefkühlen lassen.

ODER LIEBER ANDERS:

Für mehr Abwechslung vor dem Tiefkühlen in die Menge für vier Eisförmchen 1½ EL Kakaopulver oder für die Größeren 1 geh. EL gehackte Haselnüsse untermischen – dann habt ihr verschiedene Eise.

Eispralinen

Für ca. 30 Stück.
Zubereitungszeit 15 Min.
Tiefkühlen 4 Std.

100 g Kokosjoghurt
30 g Cashewmus
30 Brombeeren (ersatzweise Himbeeren)

1 Einen Bogen Backpapier auf einer Platte ausbreiten, die ins Tiefkühlfach passt. Mit einem Teelöffel den Kokosjoghurt in ca. 2 cm großen Klecksen auf dem Backpapier verteilen.

2 Das Cashewmus im Glas glatt rühren, sodass es gut vom Löffel tropft. Pro Eispraline einen Tropfen Cashewmus auf den Joghurt geben. Die Brombeeren waschen, verlesen, abtropfen lassen und mittig in die Pralinen setzen. Alles mind. 4 Std. tiefkühlen. Für Kleinere die Pralinen vor dem Servieren kurz antauen lassen.

Kürbis-Zupf-Muffins

Für 12 Stück
Zubereitungszeit 20 Min.
Backen 20 Min.

175 g Hokkaido-Kürbis
3 Frühlingszwiebeln
400 g Frischteig für Weizenbrötchen (Kühlregal)
150 g geriebener Emmentaler
1 EL neutrales Öl
2 TL getrockneter Thymian
1 TL mildes Currypulver

FÜR DIE GROSSEN:
Salz | Pfeffer

AUSSERDEM:
12er-Silikon-Muffinform

1 Den Ofen auf 160° vorheizen. Den Kürbis waschen, putzen und die Kerne mit einem Löffel entfernen, das Fruchtfleisch fein reiben. Die Frühlingszwiebeln waschen, putzen und in dünne Ringe schneiden. Den Teig aus der Verpackung nehmen und mit einem Nudelholz ca. 2 cm dick ausrollen, dann in ca. 1 cm große Würfel schneiden. Alles in eine Schüssel geben. Öl, Käse und Gewürze dazugeben und vorsichtig mit den Händen vermischen.

2 Die Mulden der Muffinform mit kaltem Wasser ausspülen, zwei davon mit Teig-Kürbis-Mischung befüllen. Die restliche Masse salzen und pfeffern, in die restlichen Mulden füllen. Alles leicht andrücken. Im heißen Ofen (Mitte) in ca. 20 Min. goldbraun backen. Dann aus dem Ofen nehmen, ca. 10 Min. abkühlen lassen und aus der Form lösen.

VIEL ABWECHSLUNG:

Statt Kürbis schmeckt dieses Rezept auch mit Möhren. Wenn ihr es würziger mögt, kannst du auch sehr fein gewürfelten Knoblauch oder fein gewürfelte Zwiebeln ergänzen.

Bunte Crêpes

Für 8 Stück
Zubereitungszeit 30 Min.

40 g Butter (ersatzweise Margarine)
3 Eier
200 g Mehl
400 ml Karottensaft

1 Die Butter in einer großen Pfanne zerlassen. In einem hohen Mixbecher Eier, Mehl, Karottensaft und Butter mit den Quirlen des Handrührgeräts zu einem ganz glatten Teig rühren. Vor dem Backen ca. 5 Min. ruhen lassen.

2 Dieselbe Pfanne bei mittlerer Hitze erwärmen und aus dem Teig nacheinander acht dünne Crêpes ausbacken – wenn die Pfanne beschichtet ist, muss sie zwischendurch nicht gefettet werden. Nach vier Crêpes den restlichen Teig für die Erwachsenen mit Salz würzen und wie beschrieben ausbacken.

GROSSE CRÊPES-KUNDE:

Mit Rote-Bete-Saft statt Karottensaft werden die Crêpes schön rot. Sie können gefüllt und aufgerollt werden, z. B. mit einem leckeren Aufstrich, Ofengemüse, Tomatenscheiben, Essiggurken, Hummus ... oder allem, was bei deinem Kind gerade hoch im Kurs steht. Auch clever: füllen, in eine Auflaufform schichten, Tomatensauce und Käse dazugeben, dann ca. 30 Min. im Ofen bei 180° überbacken. Am besten schmeckt es aber mit Erdbeermarmelade.

PARTY FÜR DIE GANZE FAMILIE

ZUM FEIERN

Nicht nur der erste Geburtstag, auch Feiertage wie Weihnachten, Ostern und St. Martin sind mit Kindern emotional und nicht selten hat man als Familie plötzlich wieder ganz viel Lust auf gesellige Tage. Die Kleinen sollen genau wie wir traditionelle Speisen genießen dürfen, zuckerfrei oder zuckerreduziert. Entdecke unsere Lieblingsplätzchen, Geburtstagskuchen, Sankt-Martins-Gänse und Osterüberraschungen. Auch an schnelles Party-Fingerfood haben wir gedacht!

Quark-bällchen

Egal, ob an Fasching oder auf dem Kindergartenfest – die Quarkbällchen kommen garantiert gut an! Wer mag, füllt die gebackenen Leckereien noch mithilfe eines Spitzbeutels mit einem süßen Fruchtaufstrich.

Für 30 Stück
Zubereitungszeit 45 Min.

4 Eier (M)
150 g Zucker
½ TL gemahlene Bourbon-Vanille
500 g Quark (40 % i. Tr.)
500 g Dinkelmehl (Type 630)
3 TL Weinstein-Backpulver
400 ml neutrales Öl zum Frittieren
50 g Puderzucker

1 Die Eier in einer großen Rührschüssel mit den Rührbesen des Handrührgeräts schaumig schlagen, dabei Zucker und Vanille langsam dazugeben. Den Quark dazugeben und alles erneut aufschlagen. Mehl und Backpulver mischen und dazugeben. Alles zügig zu einem klebrigen Teig verrühren.

2 Das Öl in einem mittelgroßen Topf erhitzen, die Temperatur auf mittlere Hitze reduzieren. 1 EL Teig abstechen, mit einem weiteren Esslöffel zu einem Bällchen formen und ins heiße Öl gleiten lassen. Danach gleich das nächste Bällchen formen. Auf diese Weise ca. 30 Bällchen formen und rundherum 4–5 Min. goldbraun ausbacken. Mit einer Schöpfkelle herausnehmen und die Bällchen kurz auf Küchenpapier entfetten. Puderzucker auf einen tiefen Teller geben und die Bällchen darin wälzen.

Hasenkekse

Für 35 Stück
Zubereitungszeit 25 Min.
Backen 20 Min.
Ruhen 30 Min.

175 g Dinkelmehl (Type 630) + mehr zum Arbeiten
175 g Kräuterfrischkäse
175 g Butter
1 Knoblauchzehe
1 TL Kräuter der Provence
1 Ei (M)
20 g Reibekäse
Hasen-Ausstechformen

1 Das Mehl mit dem Frischkäse in eine Schüssel geben. Die Butter würfeln und dazugeben. Den Knoblauch schälen und dazupressen, die Kräuter dazugeben. Alles mit den Händen zügig zu einem glatten Teig kneten. Luftdicht verschließen und im Kühlschrank ca. 30 Min. ruhen lassen.

2 Den Backofen auf 175° vorheizen. Das Ei in einer kleinen Schüssel mit einer Gabel leicht aufschlagen. Die Hälfte des Teiges auf einer gut bemehlten Arbeitsfläche zügig ca. 0,5 cm dick ausrollen. Kekse ausstechen, mit wenig Abstand auf ein mit Backpapier belegtes Blech legen.

3 Die Kekse mit Eimasse bepinseln und mit Käse bestreuen. Im heißen Ofen (Mitte) in 18–20 Min. goldbraun backen. Herausnehmen und auf einem Kuchengitter auskühlen lassen.

Schmetterlingstorte

Für 1 Torte
Zubereitungszeit 40 Min.
Backen 30 Min.

4 Eier (M)
200 ml neutrales Öl
100 g Apfelmark
350 g Dinkelmehl (Type 630)
2 TL Weinstein-Backpulver
100 g Joghurt
1 Bio-Limette
200 g Frischkäse
200 g Blaubeeren
300 g Himbeeren
1 Kiwi

AUSSERDEM:
1 Springform (26 cm Ø)
Fett für die Form

1 Den Backofen auf 180° vorheizen. Die Kuchenform sehr gut einfetten. Die Eier in einer Schüssel mit den Quirlen des Handrührgeräts mind. 3 Min. schaumig rühren. Dann Öl und Apfelmark dazugeben und unterrühren. Mehl, Backpulver und Joghurt dazugeben und alles zügig zu einem glatten Teig rühren. Den Teig in die Form füllen und mit einer nassen Palette sehr glatt streichen. Im heißen Ofen (Mitte) ca. 30 Min. backen.

2 Inzwischen die Limette heiß waschen und abtrocknen, die Schale fein abreiben. Den Frischkäse in einer kleinen Schüssel glatt rühren, den Limettenabrieb unterrühren. Die Beeren waschen und verlesen. Die Kiwi schälen und in dünne Scheiben schneiden.

3 Den Kuchen aus der Form nehmen und komplett abkühlen lassen. Den Kuchen halbieren und auf einer Kuchenplatte mit den beiden Bögen aneinanderlegen. Die Banane schälen und als Schmetterlingskörper dazwischenlegen. Die Kuchenhälften mit Limettenfrischkäse bestreichen, den Rand der Flügelhälften mit Himbeeren belegen. Mit den Kiwis je zwei Flügel-Augen pro Seite formen. Diese mit Blaubeeren umrunden. Wer mag, steckt 2 Blaubeeren als Augen auf.

Pfannkuchentorte

Für 8 Stücke
Zubereitungszeit 45 Min.

100 g zarte Haferflocken
400 g Dinkelmehl (Type 630)
½ TL gemahlene Bourbon-Vanille
750 ml Haferdrink
75 ml kohlensäurehaltiges Mineralwasser
4 TL Butter
250 g Himbeeren
200 g Frischkäse
4 EL Cashewmus

1 Die Haferflocken im Hochleistungsmixer fein mahlen. Das Hafermehl mit Dinkelmehl und Vanille in einer Schüssel mischen, Haferdrink sowie Mineralwasser vorsichtig unterheben.

2 Zwei Pfannen gleichzeitig erhitzen und je ½ TL Butter darin zerlassen. Je 1 Schöpfkelle Teig in die Pfannen geben und durch Schwenken verteilen. Die Pfannkuchen bei mittlerer Hitze 2–3 Min. pro Seite backen, dann wenden. Die fertigen Pfannkuchen auf einem Kuchengitter abkühlen lassen.

3 Die Himbeeren waschen, verlesen und trocken tupfen, die Hälfte pürieren. Den Frischkäse unter die pürierte Masse rühren.

4 Einen Pfannkuchen auf eine Tortenplatte legen und dünn mit Himbeercreme bestreichen. Den zweiten Pfannkuchen mit Cashewmus bestreichen, dann auf den ersten legen. Himbeercreme und Cashewmus immer abwechselnd auf die Pfannkuchen streichen und diese stapeln. Den obersten Pfannkuchen mit Himbeercreme einstreichen und mit den restlichen frischen Himbeeren dekorieren.

Bratäpfel mit Vanillesauce

Für 4 Personen
Zubereitungszeit 20 Min.
Backen 20 Min.

4 Äpfel
50 g getrocknete Cranberrys (ohne Zucker)
40 g gemahlene Haselnüsse
6 EL Haselnussmus
1 TL Spekulatiusgewürz
1 EL Agavendicksaft

FÜR DIE VANILLESAUCE:
500 g Vanillejoghurt
50 ml Milch
1 EL Agavendicksaft

1 Den Backofen auf 180° vorheizen. Die Äpfel waschen. Den Deckel der Äpfel abschneiden, das Innere vorsichtig mit einem Esslöffel aushöhlen (alternativ einen Apfelentkerner nutzen). Die Äpfel auf ein mit Backpapier belegtes Blech setzen.

2 Für die Füllung Cranberrys, Haselnüsse und Haselnussmus mit Spekulatiusgewürz und Agavendicksaft verrühren (evtl. das Nussmus kurz im Ofen erhitzen, damit es flüssig wird).

3 Die Füllung in die Äpfel geben, die Deckel darauflegen. Dann die Äpfel im heißen Ofen (Mitte) ca. 20 Min. backen.

4 Inzwischen für die Sauce Joghurt und Milch mit dem Agavendicksaft glatt rühren. Die Äpfel aus dem Ofen nehmen und etwas abkühlen lassen, mit der Sauce servieren. Vorsicht: Die Bratäpfel speichern die Hitze lange.

Weckmänner

Für 8 Stück
Zubereitungszeit 30 Min.
Ruhen 1 Std.
Backen 20 Min.

100 g Butter | 175 ml Milch
½ Würfel Hefe | 500 g Mehl
1 Ei (M) | 1 TL Zucker
16 Rosinen

AUSSERDEM:
4 EL Milch zum Bestreichen
3 EL Zucker (nach Belieben)
Weckmann-Ausstechform

1 Die Butter in einem kleinen Topf zerlassen. Milch dazugeben, mischen und die handwarme Mischung in eine Schüssel geben. Hefe, Mehl, Ei sowie Zucker zugeben und alles mit den Knethaken des Handrührgeräts zu einem geschmeidigen Hefeteig kneten. Zugedeckt an einem warmen Ort ca. 1 Std. gehen lassen.

2 Den Backofen auf 200° vorheizen. Den Teig auf bemehlter Arbeitsfläche 2–3 cm dick ausrollen und mit einer Weckmann-Form ausstechen. Dazu den Teig immer wieder neu ausrollen, insgesamt acht Männchen ausstechen. Die Männchen auf ein mit Backpapier belegtes Blech legen, die Rosinen als Augen einlegen. Die Weckmänner mit der restlichen Milch einpinseln, dann im heißen Ofen (Mitte) in ca. 20 Min. goldbraun backen. Anschließend herausnehmen und nach Belieben in Zucker wälzen. Auskühlen lassen.

Apfelkekse

Für 14 Stück
Zubereitungszeit 15 Min.
Backen 16 Min.

50 g Kokosöl
110 g Mehl
1 TL geschroteter Leinsamen
½ TL Weinstein-Backpulver
30 g Speisestärke
½ TL Ceylon-Zimtpulver
30 g Kokosblütenzucker
30 g Nussmus (z. B. Mandelmus)
40 g Honig
1 Apfel

1 Den Backofen auf 180° vorheizen. Das Kokosöl in einer kleinen ofenfesten Schale mit in den Ofen stellen, bis es flüssig ist.

2 In einer Schüssel Mehl, Leinsamen, Backpulver, Stärke, Zimt und Zucker mischen. Nussmus, Honig und das flüssige Kokosöl dazugeben. Den Apfel waschen, halbieren, entkernen und grob reiben. Alles zügig mit den Quirlen des Handrührgeräts zu einem glatten Teig kneten.

3 Mit den Händen 14 runde Kekse (à 4 cm) formen – das entspricht ca. 1 gehäuften TL Teig pro Keks. Auf einem mit Backpapier belegten Backblech im heißen Ofen (Mitte) ca. 16 Min. backen, herausnehmen und ca. 30 Min. abkühlen lassen, dann werden die Kekse fest.

Lebkuchen

Für 22 Stück
Zubereitungszeit 20 Min.
Backen 25 Min.

100 g Trockenfrüchte
3 Bio-Orangen
100 g Apfelmark
70 ml neutrales Öl
200 g Mehl
100 g gemahlene Walnusskerne
2 TL Lebkuchengewürz
1 Auflaufform (30 × 20 cm)

1 Die Trockenfrüchte ca. 0,5 cm groß würfeln. Die Orangen heiß waschen und abtrocknen, 1 TL Schale fein abreiben und 120 ml Saft auspressen. In einer Schüssel Apfelmark, Orangensaft und Öl mit den Quirlen des Handrührgeräts vermengen.

2 Den Backofen auf 180° vorheizen. Die Auflaufform mit Backpapier auslegen. Trockenfrüchte, Orangenschale, Mehl, gemahlene Nüsse und Lebkuchengewürz zu den feuchten Zutaten geben. Alles zügig zu einem glatten Teig rühren und diesen gleichmäßig in die Form füllen und glatt streichen.

3 Den Teig im heißen Ofen (Mitte) ca. 25 Min. backen. Dann herausnehmen, aus der Form heben, abkühlen lassen und in ca. 3 × 3 cm große Quadrate schneiden.

Pizzakartoffeln

Für 16 Stück
Zubereitungszeit 25 Min.
Backen 15 Min.

8 große festkochende Kartoffeln (vorgekocht)
1 Glas Mais (Abtropfgewicht 140 g)
400 g stückige Tomaten (aus der Dose)
100 g Champignons
60 g grüne Oliven
2 Knoblauchzehen
150 g Reibekäse
2 TL getrockneter Oregano

FÜR DIE GROSSEN:
Salz | Pfeffer

1 Den Ofen auf 200° vorheizen. Die Kartoffeln halbieren und mit einem Teelöffel ca. 1 cm tief aushöhlen, dabei einen 1,5 cm breiten Rand stehen lassen. Das Innere in eine große Schüssel geben. Die Kartoffeln auf ein mit Backpapier belegtes Blech legen.

2 Den Mais in einem Sieb abtropfen lassen, mit den Tomaten in die Schüssel geben. Champignons mit einem Küchentuch abreiben, putzen und 0,5 cm groß würfeln. Die Oliven in Scheiben schneiden. Den Knoblauch schälen und fein würfeln. Alles in die Schüssel geben und gut mischen. Zuletzt noch 100 g Reibekäse und den Oregano unterheben.

3 Die Kartoffeln mit der Masse füllen. Dabei die Masse für die Erwachsenen kräftig mit Salz und Pfeffer abschmecken. Den restlichen Reibekäse über die Kartoffeln streuen, dann alles im heißen Ofen (Mitte) ca. 15 Min. backen. Vor dem Essen gut auskühlen lassen, da Kartoffeln die Hitze sehr lange speichern.

BREIFREIBABY-TIPP:

Wir lieben dieses Essen als Partyrezept (weil es schnell in großen Mengen zubereitet werden kann) und auch als Resteverwertung: In die Kartoffeln kommt, was der Kühlschrank hergibt.

Burgerbällchen

Dieses Rezept erfordert ein bisschen Geduld beim Ausrollen und Füllen des Teiges. Es eignet sich toll für Kindergeburtstagsfeiern und kann perfekt vorbereitet werden, denn die Bällchen schmecken auch kalt.

Für 16 Stück
Zubereitungszeit 25 Min.
Backen 20 Min.

- 400 g Frischteig für Weizenbrötchen(Kühlregal)
- 50 g Möhre
- 1 kleine rote Zwiebel
- 40 g saure Gurken
- 250 g Rinderhackfleisch
- ½ TL edelsüßes Paprikapulver
- 2 EL Tomatenmark
- 2 TL Sesam

FÜR DIE GROSSEN:
Salz | Pfeffer

1 Den Ofen auf 160° vorheizen und zwei Backbleche mit Backpapier auslegen. Den Teig in 16 gleich große Stücke teilen, zu Kugeln formen und leicht ausrollen.

2 Die Möhre schälen, putzen und fein raspeln. Die Zwiebel schälen und sehr fein würfeln. Die Gurken abtropfen lassen und fein würfeln. Möhre, Zwiebel und Gurken in einer Schüssel mit Hackfleisch, Paprikapulver und Tomatenmark verkneten. Einen Teil der Masse abnehmen, den Rest mit Salz und Pfeffer würzen. Den Teig zu 16 kleinen Kugeln formen.

3 Jeden Teigkreis mit einem Hackbällchen füllen, den Teig vorsichtig darum schließen und überall gut zudrücken. Die Burgerkugeln mit Abstand auf ein Blech legen und mit Sesam bestreuen. Im heißen Ofen (Mitte) 18–20 Min. goldbraun backen, herausnehmen und abkühlen lassen.

OHNE FLEISCH:

Wer die Burger rein pflanzlich zubereiten will, kann auf eine vegane Hackfleischalternative, Sonnenblumenhack oder sehr fein gewürfelten Tofu zurückgreifen. Wer es käsig mag, der fügt der Hackmasse 50 g geriebenen Käse dazu.

REZEPTREGISTER

I/K

L

M/N

O/P

APPETIT AUF MEHR?

ISBN 978-3-8338-7365-2

ISBN 978-3-8338-7810-7

ISBN 978-3-8338-8716-1

ISBN 978-3-8338-8205-0

ISBN 978-3-8338-8044-5

ISBN 978-3-8338-7755-1

Alle hier vorgestellten Bücher sind auch als eBook erhältlich.

G|U

Mehr von GU auf **gu.de** | **gu.verlag** | **gu.verlag**

LIEBE LESERINNEN UND LESER,

wir wollen Ihnen mit diesem Buch Informationen und Anregungen geben, um Ihnen das Leben zu erleichtern oder Sie zu inspirieren, Neues auszuprobieren. Wir achten bei der Erstellung unserer Bücher auf Aktualität und stellen höchste Ansprüche an Inhalt und Gestaltung. Alle Anleitungen und Rezepte werden von unseren Autoren, jeweils Experten auf ihren Gebieten, gewissenhaft erstellt und von unseren Redakteur*innen mit größter Sorgfalt ausgewählt und geprüft.

Haben wir Ihre Erwartungen erfüllt? Sind Sie mit diesem Buch und seinen Inhalten zufrieden? Wir freuen uns auf Ihre Rückmeldung. Und wir freuen uns, wenn Sie diesen Titel weiterempfehlen, in Ihrem Freundeskreis oder bei Ihrem Online-Kauf.

Sollten wir Ihre Erwartungen so gar nicht erfüllt haben, tauschen wir Ihnen Ihr Buch jederzeit gegen ein gleichwertiges zum gleichen oder ähnlichen Thema um.

KONTAKT ZUM LESERSERVICE

GRÄFE UND UNZER VERLAG
Grillparzerstraße 12
81675 München
www.gu.de

IMPRESSUM

GU ist eine eingetragene Marke der GRÄFE UND UNZER VERLAG GmbH, www.gu.de

ISBN 978-3-8338-8921-9
2. Auflage 2024

Projektleitung: Linh Nguyen, Melanie Loser
Lektorat: Melanie Haizmann
Umschlaggestaltung und Layout: ki36 Editorial Design, München, Stephanie Riedl
Herstellung: Susanne Fuhrmann
Satz: Longo AG, Bozen
Repro: Longo AG, Bozen
Druck & Bindung: aprinta GmbH, Wemding

Nachhaltigkeit ist uns sehr wichtig. Der Rohstoff Papier ist in der Buchproduktion hierfür von entscheidender Bedeutung. Daher ist dieses Buch auf PEFC-zertifiziertem Papier gedruckt. PEFC garantiert, dass ökologische, soziale und ökonomische Aspekte in der Verarbeitungskette unabhängig überwacht werden und lückenlos nachvollziehbar sind.

Die GU-Homepage finden Sie unter www.gu.de

Bildnachweis:
Mona Binner: Cover, alle Rezeptfotos und Still Lifes
Andrea Mühleck: Autorinnenfotos
Shutterstock: Moodbilder auf S. 08, 10, 16, 18, 27

Syndication:
www.imageprofessionals.com

Wichtiger Hinweis
Die Gedanken, Methoden und Anregungen in diesem Buch stellen die Meinung bzw. Erfahrung der Autorinnen dar. Sie wurden von den Autorinnen nach bestem Wissen erstellt und mit größtmöglicher Sorgfalt geprüft. Sie bieten jedoch keinen Ersatz für persönlichen kompetenten medizinischen Rat. Jede Leserin, jeder Leser ist für das eigene Tun und Lassen auch weiterhin selbst verantwortlich. Weder Autorinnen noch Verlag können für eventuelle Nachteile oder Schäden, die aus den im Buch gegebenen praktischen Hinweisen resultieren, eine Haftung übernehmen.

GRÄFE UND UNZER
Ein Unternehmen der GANSKE VERLAGSGRUPPE